*Casamento e moral*

# FUNDAÇÃO EDITORA DA UNESP

*Presidente do Conselho Curador*
Mário Sérgio Vasconcelos

*Diretor-Presidente*
José Castilho Marques Neto

*Editor-Executivo*
Jézio Hernani Bomfim Gutierre

*Superintendente Administrativo e Financeiro*
William de Souza Agostinho

*Assessora Editorial*
Maria Candida Soares Del Masso

*Conselho Editorial Acadêmico*
Áureo Busetto
Carlos Magno Castelo Branco Fortaleza
Elisabete Maniglia
Henrique Nunes de Oliveira
João Francisco Galera Monico
José Leonardo do Nascimento
Lourenço Chacon Jurado Filho
Maria de Lourdes Ortiz Gandini Baldan
Paula da Cruz Landim
Rogério Rosenfeld

*Editores-Assistentes*
Anderson Nobara
Jorge Pereira Filho
Leandro Rodrigues

BERTRAND RUSSELL

# *Casamento e moral*

Tradução
Fernando Santos

editora
unesp

© 2009 The Bertrand Russell Peace Foundation Ltd
© 1995 John G. Slator (Introdução)
Tradução autorizada da edição em língua inglesa
publicada pela Routledge, membro da Taylor & Francis Group
© 2013 Editora Unesp

Título original: *Marriage and Morals*

Direitos de publicação reservados à:

Fundação Editora da Unesp (FEU)
Praça da Sé, 108
01001-900 – São Paulo – SP
Tel.: (0xx11) 3242-7171
Fax: (0xx11) 3242-7172
www.editoraunesp.com.br
www.livrariaunesp.com.br
feu@editora.unesp.br

CIP-Brasil. Catalogação na fonte
Sindicato Nacional dos Editores de Livros, RJ

R925c

Russell, Bertrand, 1872-1970
  Casamento e moral / Bertrand Russell; tradução Fernando Santos. – 1.ed. – São Paulo: Editora Unesp, 2015.

  Tradução de: *Marriage and Morals*
  ISBN 978-85-393-0568-1

  1. Ética. 2. Casamento. I. Título.

15-21064                                                                 CDD: 170
                                                                         CDU: 17

Editora afiliada:

# Sumário

1. Introdução   1
2. Sociedades matrilineares   9
3. Sistemas patriarcais   17
4. Adoração do falo, ascetismo e pecado   23
5. A ética cristã   33
6. O amor romântico   49
7. A liberação das mulheres   61
8. O tabu a respeito da educação sexual   73
9. O lugar do amor na vida humana   91
10. Casamento   101
11. Prostituição   113
12. Casamento experimental   121
13. A família nos dias de hoje   131
14. A família na psicologia individual   147
15. A família e o Estado   159
16. Divórcio   171
17. População   185
18. Eugenia   197
19. Sexo e bem-estar individual   211

20. O lugar do sexo entre os valores humanos    221

21. Conclusão    233

Referências bibliográficas    247

# 1.
# *Introdução*

Ao caracterizarmos uma sociedade, seja ela antiga ou moderna, dois elementos, intimamente ligados entre si, têm uma importância fundamental: um é o sistema econômico, o outro, o sistema familiar. Hoje em dia existem duas escolas de pensamento influentes: uma considera que tudo tem origem na economia, enquanto a outra acredita que tudo tem origem na família ou na sexualidade. A primeira escola é a de Marx; a segunda, a de Freud. Não me alinho com nenhuma delas, uma vez que a ligação entre economia e sexo não me parece demonstrar que, do ponto de vista da eficácia causal, exista uma superioridade evidente de uma em relação à outra. Por exemplo: não há dúvida de que a Revolução Industrial teve e terá uma influência profunda sobre a moral sexual; por outro lado, contudo, a castidade sexual dos puritanos foi imprescindível psicologicamente como causa parcial dessa revolução. Não estou disposto a conferir primazia nem ao fator econômico nem ao fator sexual, nem eles podem, na verdade, ser separados com nitidez. Embora a economia esteja relacionada basicamente com a obtenção de alimento, raras vezes, entre os seres humanos, se busca o alimento apenas para beneficiar o indivíduo que o obtém; ele é buscado por causa da família e, à medida que o sistema familiar se modifica, o mesmo acontece com as motivações econômicas. É óbvio que não apenas a proteção da vida mas a maioria das modalidades de poupança privada praticamente deixariam de existir se as crianças fossem tiradas de seus pais e entregues ao Estado, como na República de Platão; em outras palavras, se o Estado adotasse o papel de pai ele se tornaria, *ipso facto*, o único capitalista. Comunistas radicais defendem, com frequência, o inverso: se o Estado deve ser o único capitalista, a família, tal como a conhecemos, não pode sobreviver; e, mesmo que consideremos que esse raciocínio vai longe demais, é impossível negar que existe uma ligação íntima entre a propriedade privada e a família, uma ligação que, por ser recíproca, não nos permite afirmar que uma é a causa e a outra é a consequência.

Perceberemos que a moral sexual da comunidade compõe-se de diversas camadas. Em primeiro lugar, temos as instituições concretas personificadas na lei, como, por exemplo, a monogamia, em alguns países, e a poligamia, em outros. Em seguida, existe uma camada em que a lei não intervém, mas na qual o peso da opinião pública é significativo. E, por fim, existe uma camada que – na prática, e talvez na teoria – é deixada a critério do indivíduo. Não há nenhum país no mundo e jamais houve um período na história mundial em que a ética sexual e as instituições sexuais tenham sido definidas por considerações racionais, com exceção da Rússia soviética. Não quero dizer que as instituições da Rússia soviética sejam, a esse respeito, perfeitas; quero dizer apenas que elas não são o resultado da superstição e da tradição, como acontece, ao menos em parte, com as instituições de todos os outros países em todas as épocas. Definir que tipo de

## Casamento e moral

moral sexual seria a melhor do ponto de vista da felicidade e do bem-estar geral é uma questão bastante complexa, e a resposta irá variar de acordo com um grande número de circunstâncias. Numa comunidade industrialmente avançada ela será diferente do que seria num regime agrícola primitivo. Nos lugares em que a medicina e a higiene tiverem conseguido produzir uma baixa taxa de mortalidade, ela será diferente do lugar em que as epidemias e a peste tenham dizimado uma grande parcela da população antes que esta atinja a idade adulta. Talvez, quando tivermos mais informação sobre o assunto, poderemos afirmar que a ética sexual mais adequada será diferente de acordo com o clima e, também, segundo a dieta alimentar.

A ética sexual tem os mais diversos tipos de consequência – pessoal, conjugal, familiar, nacional e internacional. Pode muito bem acontecer que as consequências sejam boas em alguns desses aspectos e ruins em outros. Antes de chegar a uma decisão final sobre o que pensar de um determinado sistema, é preciso considerar todos os aspectos. Comecemos pelo puramente pessoal: essas são as consequências que a psicanálise leva em conta. Nesse caso, precisamos considerar não apenas o comportamento adulto imposto por meio de um conjunto de regras, mas também a educação inicial concebida para gerar a obediência a essas regras; nessa área, contudo, como todos sabem, as consequências dos tabus primitivos podem ser bastante singulares e indiretas. Nessa parte da questão, estamos no nível do bem-estar pessoal. A etapa seguinte de nosso problema surge quando levamos em conta as relações entre homens e mulheres. É evidente que algumas relações sexuais têm mais valor que outras. A maioria das pessoas concorda que a relação sexual é mais satisfatória quando se tem um importante componente psíquico do

*3*

que quando é puramente física. De fato, a visão que os poetas transmitiram à consciência comum de mulheres e homens civilizados é que o amor aumenta proporcionalmente de valor à medida que uma porção maior da personalidade das pessoas envolvidas entra na relação. Os poetas também ensinaram muitas pessoas a valorizar o amor levando em conta sua intensidade; isso, no entanto, é uma questão mais discutível. A maioria de nossos contemporâneos concorda que o amor deve ser uma relação equitativa e que, por essa razão, se não por outra, a poligamia, por exemplo, não pode ser considerada um sistema ideal. Em toda essa parte da questão, é imprescindível levar em conta tanto o casamento como as relações extraconjugais, já que, seja qual for o modelo de casamento predominante, elas irão variar de forma correspondente.

Em seguida vem a questão da família. Embora em diversas épocas e lugares tenham existido diferentes tipos de grupos familiares, a família patriarcal apresenta uma hegemonia bastante ampla, e, além disso, a família patriarcal monogâmica tem tido um predomínio cada vez maior sobre a poligâmica. O propósito principal da ética sexual tal como tem existido na civilização ocidental desde a era pré-cristã foi assegurar aquele grau de virtude da mulher sem o qual a família patriarcal se torna impossível, já que a paternidade seria incerta. O que veio se somar a isso, na forma de insistência sobre a virtude masculina por parte do cristianismo, teve como origem psicológica o ascetismo, embora em épocas mais recentes esse motivo tenha sido reforçado pelo ciúme feminino, que ganhou força com a emancipação das mulheres. No entanto, esse último motivo parece ser temporário, já que, se podemos julgar pelas aparências, a tendência das mulheres será preferir um modelo que permita a liberdade a

*Casamento e moral*

ambos os sexos em vez de um modelo que imponha aos homens as restrições que até agora só elas têm sofrido.

Não obstante, existem muitas variedades dentro da família monogâmica. Os casamentos podem ser decididos pelas próprias partes ou por seus pais. Em alguns países, paga-se dote pela noiva; em outros, como na França, por exemplo, pelo noivo. Pode haver todo tipo de diferença no que concerne ao divórcio: do exagero católico, que o proíbe, à lei da antiga China, que permitia que o homem se divorciasse da mulher por ela ser tagarela. A constância ou a quase constância das relações sexuais surge entre os animais e também entre os seres humanos, dentre os quais, para que a espécie seja preservada, é indispensável a participação do macho na criação dos filhotes. Os pássaros, por exemplo, têm de ficar sentados sobre os ovos ininterruptamente para mantê-los aquecidos, e também têm de passar muitas horas conseguindo comida. Como em muitas espécies é impossível que uma única ave consiga desempenhar as duas tarefas, a cooperação do macho é fundamental. Como consequência, quase todos os pássaros são modelos de virtude. Entre os seres humanos, a cooperação do pai representa uma importante vantagem biológica para a prole, sobretudo em períodos de instabilidade e em meio a populações violentas. Porém, com o desenvolvimento da civilização moderna, o papel do pai está sendo cada vez mais assumido pelo Estado, e temos motivos para pensar que não vai demorar muito para que o pai deixe de ser biologicamente vantajoso, pelo menos na classe trabalhadora. Se isso ocorrer, deve-se esperar o colapso total da moralidade tradicional, já que não haverá mais razão para que a mãe queira que a paternidade do filho seja indiscutível. Platão nos teria feito ir mais além, pondo o Estado não somente no lugar do pai, mas também no lugar da mãe. Quanto

*Bertrand Russell*

a mim, não admiro suficientemente o Estado nem me impressiono o bastante com a alegria reinante nos orfanatos a ponto de defender esse modelo com entusiasmo. Ao mesmo tempo, não é impossível que forças econômicas façam que ele venha a ser parcialmente adotado.

A lei preocupa-se com o sexo de duas maneiras diferentes: por um lado, fazendo que seja cumprida a ética – qualquer que seja ela – adotada pela comunidade em questão; por outro, protegendo os direitos comuns dos indivíduos na esfera sexual. Esta última envolve dois aspectos: de um lado, a proteção das mulheres e dos não adultos da violência sexual e da exploração; do outro, a prevenção das doenças venéreas. Normalmente nenhuma delas é considerada apenas por seus méritos e, por essa razão, nenhuma é tratada de modo tão eficaz como deveria. Com relação à primeira, campanhas histéricas acerca do Tráfico de Escravas Brancas levaram à aprovação de leis das quais os malfeitores profissionais conseguem facilmente escapar, enquanto permitiram que pessoas inofensivas fossem chantageadas. Com relação à segunda, a ideia de que a doença venérea é uma justa punição dos pecados impede a adoção de medidas que seriam mais eficazes se fossem baseadas unicamente em razões de ordem médica, enquanto a postura geral de que a doença venérea é vergonhosa faz que ela seja ocultada e, em consequência, não seja tratada de maneira rápida nem adequada.

Em seguida vem a questão da população. Este é, em si mesmo, um enorme problema que precisa ser considerado de diversos pontos de vista. Existe, respectivamente, a questão da saúde das mães, a questão da saúde dos filhos e a questão dos efeitos psicológicos das famílias grandes e pequenas sobre o caráter das crianças. Estes são o que podemos chamar de aspectos do

*Casamento e moral*

problema ligados à saúde física e mental. Em seguida vêm os aspectos econômicos, tanto particulares como públicos: a questão da riqueza *per capita* da família ou da comunidade em relação ao tamanho da família ou à taxa de natalidade da comunidade. A importância da questão populacional para a política internacional e para a possibilidade da paz mundial está intimamente relacionada a isso. E, por fim, existe a questão da eugenia relacionada ao aperfeiçoamento ou à deterioração da descendência por meio das diferentes taxas de natalidade e mortalidade dos diversos setores da comunidade. Nenhuma ética sexual pode ser justificada ou condenada de maneira bem fundamentada antes de ter sido analisada de todos os pontos de vista acima relacionados. Tanto reformadores como reacionários costumam levar em conta um ou no máximo dois dos aspectos do problema. Embora seja especialmente raro encontrar qualquer concordância entre os pontos de vista individuais e políticos, é praticamente impossível dizer que um deles seja mais importante que o outro; além disso, não podemos ter nenhuma garantia *a priori* de que um sistema que é bom do ponto de vista individual também seria bom do ponto de vista político, ou vice-versa. Quanto a mim, acredito que, na maioria das épocas e na maioria dos lugares, forças psicológicas obscuras levaram os homens a adotar sistemas que acarretaram uma crueldade relativamente desnecessária, e que isso ainda acontece nos dias de hoje entre os povos mais civilizados. Acredito também que os avanços da medicina e das medidas sanitárias ocasionaram mudanças na ética sexual que são desejáveis tanto do ponto de vista individual como do ponto de vista público, enquanto, como já foi sugerido, a ampliação do papel do Estado na educação está tornando o pai gradativamente menos importante do que tem sido ao longo da história. Portanto, ao criticar a ética vigente nos vemos diante de uma dupla missão: de um lado, eliminar os elementos de superstição, com frequência inconscientes; de outro, levar em conta os fatores inteiramente novos que fazem da sabedoria do passado a loucura – e não a sabedoria – do presente.

Para poder avaliar o sistema existente, examinarei primeiro alguns sistemas que existiram no passado ou que existem no presente entre as parcelas menos civilizadas da humanidade. Em seguida, farei uma descrição do sistema em voga hoje na civilização ocidental e, finalmente, levarei em conta os aspectos desse sistema que devem ser corrigidos e as razões para esperar que tais correções aconteçam.

# 2.

## Sociedades matrilineares

As práticas matrimoniais sempre foram uma mistura de três fatores, que podemos chamar livremente de instintivo, econômico e religioso, nessa ordem. Não quero dizer com isso que eles possam ser claramente diferenciados, não mais do que acontece em outras esferas. O fato de as lojas fecharem aos domingos tem uma origem religiosa; hoje, porém, é um fato econômico. O mesmo acontece com muitas leis e costumes relacionados ao sexo. Um costume conveniente que tenha uma origem religiosa muitas vezes irá sobreviver, em razão de sua utilidade, após a base religiosa ter desmoronado. Também é difícil fazer a distinção entre o que é religioso e o que é instintivo. Religiões que exercem uma forte influência sobre as ações humanas em geral têm uma base instintiva. Não obstante, elas se diferenciam pela importância da tradição e pelo fato de que, entre os diversos tipos de ação que são instintivamente possíveis, elas dão preferência a determinados tipos. Por exemplo, embora o amor e o ciúme sejam ambos sentimentos instintivos, a religião determinou que o amor é um sentimento virtuoso que a comunidade deve apoiar, enquanto o ciúme é, no máximo, desculpável.

O elemento instintivo nas relações sexuais não é tão importante quanto normalmente se imagina. Embora não pretenda, neste livro, lançar mão da antropologia – exceto na medida em que seja indispensável ilustrar os problemas do presente –, existe um aspecto no qual essa ciência se mostra bastante imprescindível para nossos propósitos, qual seja, demonstrar como muitas práticas que deveríamos considerar contrárias ao instinto podem persistir por longos períodos sem ocasionar nenhum conflito importante ou evidente com ele. Por exemplo, tem sido uma prática comum, não somente entre os selvagens, mas entre alguns povos mais ou menos civilizados, que as virgens sejam oficialmente (e, às vezes, em público) defloradas pelos sacerdotes. Embora nos países cristãos os homens defendam que a defloração deva ser uma prerrogativa do noivo, a maioria dos cristãos – no mínimo até recentemente – teria considerado sua oposição ao costume da defloração religiosa como algo instintivo. Ainda que o costume de oferecer a esposa a um hóspede como um gesto de hospitalidade também seja algo que pareça instintivamente repugnante aos europeus contemporâneos, ele tem sido bastante difundido. A poliandria é outro costume que um homem branco iletrado imaginaria ser contrária à natureza humana. E, embora o infanticídio possa parecer ainda mais contrário à natureza humana, os fatos demonstram que, onde quer que pareça ser vantajoso em termos econômicos, recorre-se prontamente a ele. A verdade é que, quando se trata do ser humano, o instinto é bastante vago e facilmente desviado de seu curso natural. Isso acontece tanto entre os selvagens como entre as comunidades civilizadas. Na verdade, é difícil que "instinto" seja a palavra adequada para se aplicar a algo tão distante da rigidez como é o comportamento humano em questões sexuais. Nessa

*Casamento e moral*

esfera, o único ato que pode ser chamado de instintivo no sentido estritamente psicológico do termo é o ato de sugar durante a infância. Não sei como acontece entre os selvagens, mas as pessoas civilizadas têm de aprender a realizar o ato sexual. É comum que os médicos sejam procurados por casais que estão juntos há alguns anos em busca de orientação para ter filhos, e que descubram, após examiná-los, que eles não sabem como ter relações sexuais. Portanto, o ato sexual não é, no sentido mais rigoroso da palavra, instintivo, embora exista, é claro, uma tendência que nos leva até ele e um desejo que certamente não pode ser satisfeito sem ele. Na verdade, quando se trata de seres humanos, não temos os padrões de comportamento precisos encontrados em outros animais; nesse sentido, o instinto é substituído por algo um pouco diferente. Antes de mais nada, o que acontece com os seres humanos é um descontentamento que leva a atividades mais ou menos aleatórias e imperfeitas, mas que chegam gradativamente, mais ou menos por acaso, a uma atividade que proporciona satisfação e que, por essa razão, é repetida. Portanto, o que é instintivo não é tanto a atividade concluída como o impulso para aprendê-la; além disso, muitas vezes a atividade que proporcionaria satisfação não é, de modo algum, predeterminada, embora, como regra, a atividade biologicamente mais vantajosa proporcione a satisfação mais completa, desde que ela seja aprendida antes que se tenham adquirido hábitos opostos.

Sabendo que todas as sociedades modernas civilizadas se baseiam na família patriarcal, e que a concepção integral da virtude feminina foi construída para tornar possível a família patriarcal, é importante investigar quais impulsos naturais vieram a produzir o sentimento de paternidade. Essa questão não é, de maneira alguma, tão fácil como as pessoas insensatas podem imaginar. O

*Bertrand Russell*

sentimento da mãe com relação ao filho não é difícil de entender, já que existe entre eles uma estreita ligação física, pelo menos até o momento do desmame. A relação do pai com o filho, contudo, é indireta, hipotética e presumida: está profundamente envolta em crenças acerca da virtude da esposa, pertencendo, em consequência, a uma região por demais racional para ser considerada como propriamente instintiva. Ou, pelo menos, assim o pareceria caso se supusesse que o sentimento de paternidade tem de ser dirigido em primeiro lugar para os próprios filhos de cada homem. No entanto, esse não é, de modo algum, necessariamente o caso. Os melanésios não sabem que as pessoas têm pais; no entanto, entre eles os pais gostam tanto de seus filhos como nos lugares em que se sabe quem são seus filhos. Um jorro de luz foi lançado sobre a psicologia da paternidade pelos livros de Malinowski sobre os ilhéus de Trobriand. Três livros, em especial – *Sexo e repressão na sociedade selvagem*, *The Father in Primitive Psychology* [O pai na psicologia primitiva] e *A vida sexual dos selvagens* –, são indispensáveis para que se possa compreender em essência o sentimento complexo que chamamos de paternidade. Na verdade, existem duas razões inteiramente distintas que podem levar um homem a se interessar por uma criança: porque acredita que ela é sua prole ou, por outro lado, porque sabe que ela é de sua esposa. Esse segundo motivo só age no caso em que se desconhece a participação do pai na geração da criança.

O fato de que entre os ilhéus de Trobriand as pessoas não são conhecidas por terem pais foi algo que Malinowski demonstrou sem que restasse nenhuma dúvida. Ele descobriu, por exemplo, que quando um homem sai em viagem durante um ano ou mais e descobre, na volta, que sua mulher tem um recém-nascido, ele fica muito encantado, não conseguindo entender muito bem as

*Casamento e moral*

insinuações dos europeus que põem em dúvida a virtude de sua esposa. O que talvez seja ainda mais convincente: ele descobriu que um homem que possuía uma raça de porcos de qualidade superior ia castrar todos os machos e não conseguia entender que isso implicaria a deterioração da raça. Acredita-se que os espíritos tragam as crianças e as introduzam dentro das mães. Reconhece-se que as virgens não podem conceber, mas acredita-se que isso se deva ao fato de o hímen representar uma barreira física às atividades dos espíritos. Embora homens e moças solteiros levem uma vida de amor livre total, por alguma razão desconhecida é raro as moças solteiras engravidarem. Apesar do fato de que, de acordo com a filosofia nativa, nada que elas tenham feito seja responsável por terem engravidado, é estranho que se considere vergonhoso quando isso acontece. Mais cedo ou mais tarde a moça enjoa da variedade e se casa. Embora vá morar na aldeia do marido, ela e os filhos ainda são computados como pertencentes à sua aldeia de origem. Não se considera que seu marido tenha ligação sanguínea com os filhos, e a descendência é determinada unicamente por meio da linhagem feminina. O tipo de autoridade sobre as crianças que em outros lugares é exercida pelo pai, entre os ilhéus de Trobriand é conferida ao tio materno. Nesse caso, contudo, entra em cena uma curiosa complicação. Como o tabu entre irmão e irmã é extremamente severo, depois de adultos eles nunca podem conversar sobre nenhum assunto ligado, ainda que remotamente, ao sexo. Por conseguinte, embora o tio materno tenha autoridade sobre as crianças, ele só as vê quando elas estão distantes da mãe e de casa. Esse sistema admirável assegura às crianças uma dose de afeição sem disciplina que não se conhece em outros lugares. Embora brinque e seja carinhoso com elas, o pai não tem o direito de mandar nelas, ao passo que o tio materno, que tem o direito de mandar nelas, não tem o direito de ficar junto delas.

É estranho que, apesar de acreditarem que não existem laços sanguíneos entre a criança e o marido da mãe, espera-se que as crianças se pareçam com ele em vez de se parecerem com a mãe ou com seus irmãos e irmãs. Na verdade, é uma falta de educação muito grande insinuar que existe semelhança entre um menino e sua irmã ou entre uma criança e sua mãe, e mesmo as semelhanças mais evidentes são veementemente negadas. Malinowski acredita que a afeição do pai pelos filhos é estimulada por essa crença na semelhança com o pai e não com a mãe. Ele percebeu que a relação entre pai e filho é mais harmônica e afetuosa do que frequentemente acontece entre os povos civilizados, e, como seria de se esperar, não encontrou nenhum traço do complexo de Édipo.

Malinowski percebeu que, a despeito de seus esforços argumentativos, era impossível convencer seus amigos das ilhas que existe algo como a paternidade. Para eles, tratava-se de uma história boba inventada pelos missionários. Como o cristianismo é uma religião patriarcal, ele não consegue ser emocional ou intelectualmente compreensível por povos que não reconhecem a paternidade. Em vez de "Deus Pai", teria sido preciso falar de "Deus Tio Materno"; isso, porém, não transmite com precisão o grau correto de significado, uma vez que paternidade significa tanto poder como amor, enquanto na Melanésia o tio materno tem o poder e o pai tem o amor. É impossível transmitir a ideia de que os homens são filhos de Deus para os ilhéus de Trobriand, já que eles não acreditam que ninguém seja filho de um homem. Consequentemente, os missionários são obrigados a lidar primeiro com os fatos fisiológicos antes de poder pregar

*Casamento e moral*

a religião. Deduz-se de Malinowski que, como não tiveram êxito nessa tarefa inicial, eles foram incapazes de prosseguir com o ensino do Evangelho.

Malinowski sustenta, e creio que tem razão nisso, que, se o homem fica ao lado da esposa durante a gravidez e o parto, ele tende instintivamente a gostar da criança quando ela nasce, e essa é a base do sentimento paterno. "A paternidade humana", diz ele, "que de início parece estar quase ausente da base biológica, pode se mostrar profundamente enraizada no dom natural e na necessidade orgânica." No entanto, ele acredita que se o homem estiver ausente durante a gravidez, no início ele não sentirá *instintivamente* afeição pela criança, embora, se a ética dos costumes e da tribo levá-lo a estabelecer uma ligação com a mãe e com a criança, o afeto irá se desenvolver como teria acontecido se ele tivesse estado o tempo todo ao lado da mãe. Em todas as relações humanas significativas, os comportamentos socialmente desejáveis em relação aos quais existe um instinto que não é suficientemente forte para se impor sempre são reforçados por meio da ética social, e assim é entre esses selvagens. A tradição exige que o marido da mãe deve cuidar dos filhos e protegê-los enquanto são novos, e, já que essa tradição está de acordo com o instinto, não é difícil pô-la em prática.

Penso que o instinto a que Malinowski recorre para explicar o comportamento do pai com relação aos filhos entre os melanésios é um pouco mais genérico do que aparece em seu texto. Creio que existe, tanto no homem como na mulher, a tendência a sentir afeto por qualquer criança que ele ou ela tenha de cuidar. Mesmo que, no primeiro momento, o adulto tenha sido levado a cuidar da criança em razão da tradição e da convenção ou em troca de salário, o simples fato de ter esse cuidado faz que, na maioria dos casos, o afeto se desenvolva. Não há dúvida de que esse sentimento é mais forte no caso em que a criança é prole de uma mulher amada. É compreensível, portanto, que esses selvagens demonstrem uma grande dedicação aos filhos de suas esposas; além disso, podemos estar certos de que este é um elemento importante do afeto que os homens civilizados dão a seus filhos. Malinowski sustenta – e é difícil imaginar como se poderia contestar sua opinião – que toda a humanidade deve ter passado pelo estágio em que os ilhéus de Trobriand se encontram hoje, já que deve ter havido uma época em que a paternidade não era reconhecida em nenhum lugar. As famílias dos animais, nos casos em que incluem um pai, devem ter uma base semelhante, já que não podem ter nenhuma outra. Após a realidade da paternidade ter se tornado conhecida, apenas entre os seres humanos é que o sentimento de paternidade pode assumir a forma com a qual estamos familiarizados.

# 3.
## Sistemas patriarcais

Assim que a realidade fisiológica da paternidade é reconhecida, um elemento bastante novo passa a fazer parte do sentimento paterno, um elemento que levou, quase em toda parte, à criação de sociedades patriarcais. Assim que o pai reconhece que o filho é, como diz a Bíblia, sua "semente", seu sentimento com relação a ele é reforçado por dois fatores: o gosto pelo poder e o desejo de sobreviver à morte. As realizações de seus descendentes são, de certo modo, suas realizações, e a vida deles é uma continuação da sua. A ambição não termina mais no túmulo, mas pode se estender indefinidamente por toda a trajetória dos descendentes. Pensem, por exemplo, na satisfação de Abraão quando é informado de que sua semente possuirá a terra de Canaã. Numa sociedade matrilinear, a ambição familiar teria de ficar restrita às mulheres, e, como as mulheres não participam dos combates, essa ambição familiar que elas possam ter possui menos impacto que a dos homens. É de se supor, portanto, que a descoberta da paternidade tornaria as sociedades mais competitivas, mais agressivas, mais dinâmicas e mais atuantes do que tinham sido na etapa matrilinear. Além desse impacto, até certo ponto hipotético, havia uma nova e importantíssima razão para insistir na virtude das esposas. O componente puramente instintivo do ciúme não é nem de longe tão forte como a maioria das pessoas imagina hoje em dia. A extrema força do ciúme nas sociedades patriarcais deve-se ao temor de que a descendência seja comprometida. Isso pode ser percebido no fato de o homem que está cansado da esposa e que se dedica apaixonadamente à amante sentir, não obstante, mais ciúme quando a esposa está em questão que quando descobre que tem um rival pelo amor da amante. O filho legítimo é uma continuação do ego do homem, e sua afeição pelo filho é uma forma de egoísmo. Por outro lado, se o filho é ilegítimo, o suposto pai é levado a cobrir de atenção uma criança com a qual ele não tem nenhuma ligação biológica. Por conseguinte, a descoberta da paternidade levou à submissão da mulher como o único meio de assegurar sua virtude – uma submissão primeiro física e depois mental, que alcançou o ápice na era vitoriana. Devido à submissão das mulheres, na maioria das sociedades civilizadas não tem havido um verdadeiro companheirismo entre maridos e esposas; sua relação tem sido, de um lado, de condescendência, e, do outro, de obediência. O homem tem guardado para si todos os pensamentos e propósitos sérios, já que a mente ágil pode levar sua mulher a traí-lo. Na maioria das sociedades civilizadas tem sido negado às mulheres quase todo o conhecimento do mundo e dos negócios. Elas têm sido mantidas artificialmente estúpidas e, por conseguinte, desinteressantes. Os diálogos de Platão deixam a impressão de que ele e seus amigos consideravam os homens como os únicos objetos apropriados do verdadeiro amor. Não é de admirar quando se considera que todos os assuntos pelos quais eles se interessavam eram proibidos para as mulheres

*Casamento e moral*

atenienses respeitáveis. O mesmo estado de coisas predominou até recentemente na China, na Pérsia, durante o período áureo da poesia persa, e em muitas outras épocas e lugares. O amor como uma relação entre homens e mulheres foi destruído pelo desejo de garantir a legitimidade dos filhos. E não somente o amor, mas toda a contribuição que as mulheres poderiam dar à civilização foi retardada pela mesma razão.

Naturalmente, o sistema econômico mudou ao mesmo tempo em que o método de avaliar a descendência se transformou. Na sociedade matrilinear o homem herda do tio materno; na sociedade patrilinear ele herda do pai. A relação entre pai e filho na sociedade patrilinear é mais próxima que qualquer relação entre homens que exista numa sociedade matrilinear, pois nesta, como vimos, as funções que atribuímos naturalmente ao pai estão divididas entre o pai e o tio materno: o amor e o cuidado vêm do pai, enquanto o poder e a propriedade vêm do tio materno. Fica evidente, portanto, que a família patriarcal representa um modelo mais unido que a família de tipo mais primitivo.

Parece que foi somente com a introdução do sistema patriarcal que os homens passaram a desejar que suas noivas fossem virgens. Onde existe o sistema matrilinear, as jovens cometem suas diabruras com a mesma liberdade dos jovens. Isso, porém, não poderia ser tolerado quando se tornou extremamente importante convencer as mulheres de que todo relacionamento sexual fora do casamento era imoral.

O pai, tendo descoberto a realidade de sua existência, passou a explorá-la ao máximo por toda parte. A história da civilização é, essencialmente, o registro do declínio gradual do poder paterno, o qual alcançou o auge, na maioria dos países civilizados, logo antes do início dos registros históricos. O culto dos

*19*

*Bertrand Russell*

ancestrais, que continua existindo até hoje na China e no Japão, parece ter sido uma característica universal da civilização primitiva. O pai tinha um poder absoluto sobre os filhos, o qual, em muitos casos — como em Roma —, ia até o poder de vida e morte. As filhas, em todas as civilizações, e os filhos, numa grande quantidade de países, não podiam se casar sem o consentimento do pai, e era comum que o pai decidisse com quem eles deviam se casar. Em nenhum período da vida a mulher tinha uma existência independente, submetendo-se primeiro ao pai e depois ao marido. Ao mesmo tempo, a mulher idosa podia exercer um poder quase despótico dentro do lar; seus filhos e as esposas deles viviam todos sob o mesmo teto, e suas noras eram completamente submissas a ela. Até hoje, na China, conhecem-se casos de jovens mulheres casadas que, perseguidas pelas sogras, acabam se suicidando; e o que ainda pode ser visto na China nada mais é que algo que até bem pouco tempo era uma prática difundida em todas as regiões civilizadas da Europa e da Ásia. Quando Cristo disse que veio para colocar o filho contra o pai e a nora contra a sogra, estava pensando justamente nesses lares que ainda encontramos no Extremo Oriente. O poder que o pai adquiriu em primeiro lugar por ser mais forte foi reforçado pela religião, a qual, na maioria de suas formas, pode ser definida como a crença de que os deuses estão do lado do governo. O culto dos ancestrais, ou algo semelhante, predominou de maneira bastante ampla. Como já vimos, os conceitos religiosos do cristianismo estão impregnados do esplendor da paternidade. A organização monárquica e aristocrática da sociedade e o sistema de herança baseavam-se, por toda parte, no poder paterno. Nos tempos antigos, os motivos econômicos sustentavam esse sistema. Vemos em Gênesis como os homens desejavam uma

*Casamento e moral*

descendência numerosa e como era vantajoso para eles quando a tinham. A multiplicação de filhos homens era tão vantajosa como a multiplicação de rebanhos e manadas. Foi por essa razão que naqueles tempos Iavé ordenou que os homens crescessem e se multiplicassem.

Porém, à medida que a civilização avançou, as circunstâncias econômicas se modificaram, de modo que os preceitos religiosos que, numa certa época, tinham representado um estímulo para o interesse próprio, começaram a se tornar enfadonhos. Depois que Roma se tornou próspera, os ricos passaram a não ter mais famílias grandes. Durante os últimos séculos do esplendor romano, as antigas linhagens patrícias passaram por um processo contínuo de extinção, apesar das exortações dos moralistas, que eram tão ineficazes quanto hoje. O divórcio tornou-se fácil e comum, as mulheres das classes altas alcançaram uma posição quase igual à dos homens, e o *patria potestas* diminuiu cada vez mais. Embora esse fenômeno fosse, de várias maneiras, muito semelhante ao de hoje, ele estava confinado às classes altas, chocando aqueles que não eram suficientemente ricos para tirar proveito dele. A civilização da Antiguidade, diferentemente da nossa, sofreu por estar confinada a uma parcela ínfima da população. Foi isso que a tornou precária enquanto durou, fazendo que ela afinal sucumbisse a uma grande onda de superstição vinda de baixo. O cristianismo e a invasão bárbara destruíram a estrutura de pensamento greco-romana. Embora o sistema patriarcal tenha sobrevivido e até se fortalecido inicialmente – pelo menos em comparação com o sistema aristocrático romano –, não obstante, ele teve de se adaptar a um novo elemento, a saber, a visão cristã do sexo e o individualismo derivado da doutrina cristã da alma e da salvação. Nenhuma sociedade cristã consegue ser tão abertamente biológica como as civilizações da Antiguidade e do Extremo Oriente. Além do mais, o individualismo das sociedades cristãs influenciou pouco a pouco a política dos países cristãos, enquanto a promessa da imortalidade pessoal diminuiu o interesse dos homens pela sobrevivência da prole, que, outrora, lhes parecera o caminho mais próximo para a imortalidade que era possível. A sociedade moderna, embora ainda seja patrilinear e embora a família ainda sobreviva, atribui uma importância infinitamente menor à paternidade que as sociedades antigas. E o poder da família é imensamente menor do que costumava ser. Hoje em dia, as expectativas e as ambições dos homens são bastante diferentes das que os patriarcas do Gênesis tinham. Eles querem conquistar a glória por meio de sua posição no Estado e não por meio de uma descendência numerosa. Essa transformação é uma das razões pelas quais a moral e a teologia tradicionais têm menos força do que costumavam ter. Não obstante, a própria mudança é, na verdade, um elemento da teologia cristã. Para compreender como isso aconteceu, examinaremos, em seguida, o modo pelo qual a religião influenciou a visão que os homens tinham do casamento e da família.

# 4.
## *Adoração do falo, ascetismo e pecado*

Desde a época em que se descobriu a certeza da paternidade, o sexo tem sido sempre um assunto de grande interesse para a religião. Nada mais previsível, uma vez que a religião se preocupa com tudo que é misterioso e importante. A fertilidade, seja das colheitas, dos rebanhos e das manadas ou das mulheres, era de fundamental importância para os homens nos primórdios dos períodos agrícola e pastoril. As colheitas nem sempre eram abundantes e o ato sexual nem sempre resultava em gravidez. A religião e a magia eram invocadas para assegurar o resultado desejado. De acordo com as ideias costumeiras da magia imitativa, acreditava-se que, ao promover a fertilidade humana, poder-se--ia estimular a fertilidade do solo; e a própria fertilidade humana, desejada em várias sociedades primitivas, era promovida por meio de diversas cerimônias religiosas e mágicas. No antigo Egito, onde parece que a agricultura surgiu antes do fim do período matrilinear, inicialmente o elemento sexual da religião não era fálico, e sim relacionado aos órgãos genitais femininos, cuja forma era sugerida pela concha de búzio; em consequência, considerava-se que ela possuía poderes mágicos, vindo a ser usada como moeda. No entanto, esse período chegou ao fim, e, no Egito tardio, como na maioria das civilizações antigas, o elemento sexual da religião assumiu a forma da adoração do falo. Um breve e excelente relato dos fatos mais relevantes a esse respeito pode ser encontrado num capítulo de *Sex in Civilization* [O sexo na civilização], de Robert Briffault:

> As festas agrícolas [diz ele], e mais especialmente as relacionadas à semeadura e à colheita, apresentam em todas as regiões do mundo e em todas as épocas os exemplos mais evidentes de uma licenciosidade sexual generalizada [...]. Os povos agrícolas da Argélia ofendem-se com qualquer restrição feita à licenciosidade de suas mulheres, pela razão de que qualquer tentativa de impor a moralidade sexual comprometeria o êxito de suas atividades agrícolas. As *thesmophoria* atenienses, ou festas da semeadura, preservaram de forma atenuada o caráter original da magia da fertilidade. As mulheres carregavam símbolos fálicos e proferiam obscenidades. As *saturnalia*, que eram as festas romanas da semeadura, foram substituídas pelo *carnaval* do sul da Europa, no qual os símbolos fálicos, que pouco se diferenciam daqueles em voga entre os sioux e no Daomé, representavam até anos recentes um traço evidente.[1]

Em várias partes do mundo acredita-se que a Lua (considerada como masculino) é o verdadeiro pai de todas as crianças.[2]

---

1 Briffault, *Sex in Civilization*, p.34.
2 No povo maori, "a Lua é o eterno marido ou o verdadeiro marido de todas as mulheres. De acordo com a sabedoria dos nossos ancestrais e anciãos, o casamento entre o homem e a esposa não é um assunto importante: a Lua é o verdadeiro marido". Pontos de vista semelhantes existiram na maioria das regiões do mundo, representando,

*Casamento e moral*

É claro que essa concepção está ligada à adoração da Lua. Existiu um conflito curioso, que não é diretamente relevante para o tema presente, entre sacerdotes lunares e solares e calendários lunares e solares. O calendário desempenhou, em todas as épocas, um papel importante na religião. Na Inglaterra até o século XVIII, e na Rússia até a Revolução de 1917, continuou-se a utilizar um calendário impreciso devido à suspeita de que o calendário gregoriano era papista. De modo semelhante, os mesmos calendários lunares imprecisos foram defendidos por toda parte pelos sacerdotes dedicados à adoração da Lua, e a vitória do calendário solar foi lenta e parcial. No Egito, esse conflito deu origem, num determinado momento, a uma guerra civil. Pode-se imaginar que isso estivesse ligado a uma disputa gramatical quanto ao gênero da palavra "lua", que se manteve masculina em alemão até o dia de hoje. Tanto a adoração do Sol como a adoração da Lua deixaram marcas no cristianismo, já que o nascimento de Cristo ocorreu no solstício de inverno, enquanto sua ressurreição ocorreu na lua cheia pascal. Embora seja temerário atribuir qualquer grau de racionalidade à civilização primitiva, não obstante é difícil resistir à conclusão de que a vitória dos adoradores do Sol, onde quer que tenha ocorrido, foi devida ao fato evidente de que ele tem mais influência sobre as colheitas que a Lua. Consequentemente, as *saturnalia* geralmente aconteciam na primavera.

Elementos importantes de adoração fálica estiveram presentes em todas as religiões pagãs da Antiguidade, fornecendo aos

---

evidentemente, uma transição do período em que a paternidade era desconhecida até o reconhecimento completo de sua importância (Ibid., p.37).

Pais da Igreja muitas armas com que polemizar. No entanto, apesar de suas polêmicas, restos da adoração fálica sobreviveram ao longo da Idade Média, e só o protestantismo conseguiu, por fim, extirpar todos os seus vestígios.

Em Flandres e na França, santos itifálicos não eram raros, como S. Giles, na Bretanha, S. René, em Anjou, S. Greluchon, em Bourges, S. Regnaud e S. Arnaud. O mais popular em todo o sul da França, S. Foutin, teria sido supostamente o primeiro bispo de Lyon. Quando seu santuário em Embrun foi destruído pelos huguenotes, o falo extraordinário do personagem sagrado foi salvo das ruínas, pintado de vermelho com abundantes libações de vinho, que seus adoradores costumavam derramar sobre ele, tomando em seguida a bebida como se fosse um remédio infalível contra a esterilidade e a impotência.[3]

Outra instituição bastante comum na Antiguidade era a prostituição sagrada. Em certos lugares, mulheres respeitáveis do povo dirigiam-se ao templo e mantinham relações sexuais com um sacerdote ou com um visitante estranho. Em outros casos, as próprias sacerdotisas eram meretrizes amedrontadas. É provável que todos esses costumes tenham surgido da tentativa de assegurar a fertilidade das mulheres por meio da proteção dos deuses, ou a fertilidade das colheitas por meio da magia imitativa.

Até aqui examinamos os elementos religiosos favoráveis ao sexo. No entanto, também havia elementos contrários ao sexo que existiam lado a lado com os outros desde os tempos antigos; e, no fim, em todos os lugares em que o cristianismo ou o

---

3  Ibid., p.40.

*Casamento e moral*

budismo prevaleceram, esses elementos impuseram uma derrota total a seus oponentes. Westermarck[4] fornece vários exemplos do que ele chama de "a curiosa noção de que existe algo impuro ou pecaminoso no casamento, como nas relações sexuais em geral". Nas mais diferentes regiões do mundo, bem longe de qualquer influência cristã ou budista, existiram ordens de sacerdotes e sacerdotisas que fizeram voto de castidade. Entre os judeus, a seita dos essênios considerava que todo ato sexual era impuro. Parece que essa visão ganhou terreno na Antiguidade, mesmo nos círculos mais hostis ao cristianismo. Na verdade, havia uma tendência geral ao ascetismo no Império Romano. O epicurismo quase desapareceu entre os gregos e os romanos cultos, sendo substituído pelo estoicismo. Muitas passagens dos livros apócrifos sugerem uma postura quase monacal com relação às mulheres, muito diversa da virilidade robusta dos livros mais antigos do Velho Testamento. Os neoplatônicos eram quase tão ascetas quanto os cristãos. A doutrina de que a matéria é má difundiu-se da Pérsia para o Ocidente, trazendo com ela a crença de que toda relação sexual é impura. Embora numa forma não extremada, esta é a visão da Igreja; prefiro, porém, deixar a análise da Igreja para o próximo capítulo. O que fica evidente é que, em determinadas circunstâncias, os homens são levados espontaneamente a sentir aversão pelo sexo, e, quando isso acontece, trata-se de um impulso tão natural como a atração mais usual pelo sexo. É preciso levar em conta e compreender psicologicamente esse impulso se quisermos poder avaliar que tipo de modelo sexual tem probabilidade maior de satisfazer a natureza humana.

---

4 Westermarck, *The History of Human Marriage*, p.151ss.

Para começar, deve ser dito que é inútil considerar que as crenças estão na origem desse tipo de atitude. Em primeiro lugar, crenças como essas precisam ser influenciadas por um estado de espírito. É verdade que, uma vez existentes, elas podem perpetuar esse estado de espírito ou, pelo menos, as ações que estão de acordo com ele; porém, é bastante improvável que elas sejam as causas principais de uma postura antissexual. Devo dizer que as duas causas principais de tal postura são o ciúme e o cansaço sexual. Sempre que o ciúme é despertado, mesmo que só vagamente, o ato sexual nos parece repulsivo e o desejo que conduz a ele, repugnante. Se pudesse realizar sua vontade, o homem puramente instintivo faria que todas as mulheres o amassem, e apenas a ele; qualquer amor que elas possam dar a outros homens provoca nele emoções que podem facilmente se transformar em condenação moral. Em especial quando a mulher é sua esposa. Observamos em Shakespeare, por exemplo, que seus homens não desejam que suas esposas sejam apaixonadas. Segundo Shakespeare, a mulher ideal é a que se submete aos abraços do marido, mas que não pensaria em ter um amante, uma vez que o próprio sexo a desagrada, suportando-o apenas porque os princípios morais assim ordenam. Quando o marido instintivo descobre que a mulher o traiu, ele se enche de ódio contra ela e contra o amante, tendendo a concluir que toda atividade sexual é abominável. Isso acontece sobretudo se ele ficou impotente em razão dos excessos ou da idade. Já que na maioria das sociedades os homens idosos têm uma influência maior que os jovens, é natural que o ponto de vista oficial e correto em assuntos sexuais não seja o da juventude impetuosa.

O cansaço sexual é um fenômeno introduzido pela civilização; ele deve ser bastante desconhecido entre os animais e

*Casamento e moral*

muito raro entre os homens incivilizados. É improvável que ocorra num casamento monogâmico, exceto em pequeno grau, já que é preciso o estímulo da novidade para que a maioria dos homens incorra no excesso fisiológico. Também é improvável que aconteça quando as mulheres são livres para recusar seus favores, pois, nesse caso, como as fêmeas dos animais, elas exigem ser cortejadas antes de cada relação sexual, não concedendo seus favores até sentir que o desejo do homem foi suficientemente estimulado. A civilização fez que esse sentimento e esse comportamento instintivos se tornassem algo raro. O que mais contribuiu para eliminá-lo foi o fator econômico. Como tanto as mulheres casadas como as prostitutas ganham a vida por meio de seus encantos sexuais, elas não se entregam simplesmente quando seus próprios instintos as induzem a fazê-lo. Isso havia reduzido bastante o papel desempenhado pelo cortejo, que é a defesa da natureza contra o cansaço sexual. Por conseguinte, os homens que não se sentem reprimidos por uma ética razoavelmente rígida têm a tendência de ceder aos excessos; isso acaba produzindo uma sensação de esgotamento e de nojo que leva naturalmente à crença no ascetismo.

Onde o ciúme e o cansaço sexual agem em conjunto, como em geral acontece, a força do sentimento antissexual pode se tornar muito grande. Penso que essa é a principal razão pela qual o ascetismo tende a se desenvolver em sociedades muito licenciosas.

No entanto, como fenômeno histórico a castidade também tem outras origens. Sacerdotes e sacerdotisas que se dedicam ao serviço das divindades podem ser considerados como se estivessem casados com elas, obrigando-se, portanto, a se abster de qualquer relação sexual com os mortais. Como eles serão considerados excepcionalmente santos, produz-se uma associação entre santidade e castidade. Até hoje na Igreja Católica as freiras são consideradas as noivas de Cristo. E esse certamente é um dos motivos pelos quais se considera pecaminoso que elas tenham relações sexuais com os mortais.

Desconfio que outras causas, mais obscuras que qualquer uma das que examinamos, tiveram a ver com o crescente ascetismo do mundo antigo em seus últimos dias. Há períodos em que a vida parece agradável, em que os homens são vibrantes e em que as alegrias desta existência terrena são suficientes para nos deixar completamente satisfeitos. Existem outros períodos em que os homens parecem exaustos, em que o mundo e suas alegrias não são suficientes e em que os homens buscam o conforto espiritual ou uma vida futura que compense o vazio natural dessa paisagem terrena. Comparem o Salomão do "Cântico dos cânticos" com o Salomão do Eclesiastes; um representa o mundo antigo em seu apogeu, o outro em sua decadência. Confesso que não sei a causa dessa diferença. Talvez seja algo muito simples e fisiológico, como a troca de uma vida ativa ao ar livre por uma vida urbana sedentária; talvez o fígado dos estoicos não funcionasse direito; talvez o autor do Eclesiastes pensasse que tudo é vaidade porque ele fazia pouco exercício. Seja como for, não há dúvida de que tal estado de espírito leva facilmente à condenação do sexo. É provável que as causas que sugerimos, além de várias outras, tenham contribuído para o cansaço generalizado dos últimos séculos da Antiguidade, do qual o ascetismo era um dos aspectos. Por infelicidade, foi nesse período decadente e mórbido que a ética cristã foi elaborada. Os homens vibrantes dos últimos períodos tiveram de fazer o possível para estar à altura de uma visão de mundo compatível com homens

*Casamento e moral*

doentes, esgotados e desiludidos que haviam perdido totalmente o senso dos valores biológicos e do fluxo da vida humana. Esse tópico, contudo, pertence ao próximo capítulo.

# 5.
## *A ética cristã*

"O casamento", diz Westermarck, "tem origem na família, não é a família que tem origem no casamento." Antes da era cristã, esse ponto de vista teria representado um truísmo; porém, desde o advento do cristianismo ele se tornou uma afirmação importante que precisa ser declarada enfaticamente. O cristianismo, e mais especialmente o apóstolo Paulo, apresentou uma visão inteiramente nova do casamento: ele não existia sobretudo para a procriação de filhos, mas para evitar o pecado da fornicação.

As opiniões de Paulo sobre o casamento estão expressas na Primeira Epístola aos Coríntios, com uma clareza que não deixa nada a desejar. Deduzimos que os cristãos de Corinto tinham adotado a estranha prática de manter relações ilícitas com suas madrastas (1Cor 5,1), e ele sentiu que era preciso lidar com a situação de maneira mais enfática. As opiniões expressas por ele são as seguintes:

1. Quanto ao que me escrevestes, é bom que o homem não toque em mulher;

*Bertrand Russell*

2. Mas, por causa da impureza, cada um tenha sua própria esposa, e cada uma, seu próprio marido.

3. O marido conceda à esposa o que lhe é devido, e também, semelhantemente, a esposa ao seu marido.

4. A esposa não tem poder sobre seu próprio corpo, e sim o marido; e também, semelhantemente, o marido não tem poder sobre seu próprio corpo, e sim a esposa.

5. Não vos priveis um ao outro, salvo talvez por mútuo consentimento, por algum tempo, para vos dedicardes à oração e, novamente, vos ajuntardes, para que Satanás não vos tente por causa da incontinência.

6. E isto vos digo como concessão e não por mandamento.

7. Quero que todos os homens sejam tais como também eu sou; no entanto, cada um tem de Deus seu próprio dom; um, na verdade, de um modo; outro, de outro.

8. E aos solteiros e viúvos digo que lhes seria bom se permanecessem no estado em que também eu vivo.

9. Caso, porém, não se dominem, que se casem; porque é melhor casar que viver abrasado.[1]

Percebe-se nessa passagem que Paulo não faz menção alguma aos filhos: o propósito biológico do casamento lhe parece completamente sem importância. Isso é algo bastante natural, já que ele imaginava que a Segunda Vinda era iminente e que o mundo logo chegaria ao fim. Com a Segunda Vinda, os homens seriam divididos entre ovelhas e bodes, e a única coisa realmente

---

1  1 Cor 7,1-9.
   Baseado na tradução de João Ferreira de Almeida, 2.ed. revista e atualizada, Sociedade Bíblica do Brasil, Barueri, 1993. (N.T.)

*Casamento e moral*

importante era encontrar-se naquela ocasião entre as ovelhas. Paulo defende que o relacionamento sexual, mesmo no casamento, é, até certo ponto, um obstáculo na tentativa de ganhar a salvação (1 Cor 7,32-34). Não obstante, embora as pessoas casadas possam se salvar, a fornicação é um pecado mortal, e o fornicador impenitente com certeza se encontrará entre os bodes. Lembro-me de que um médico certa vez me aconselhou a deixar de fumar. Ele me disse que seria mais fácil se, toda vez que eu sentisse vontade, chupasse uma bala azeda. É com essa intenção que Paulo recomenda o casamento. Embora não sugira que o casamento seja tão prazeroso como a fornicação, Paulo acredita que ele pode possibilitar que os irmãos mais fracos resistam à tentação. Em momento algum ele sugere que o casamento possa ter algo de positivo, ou que o afeto entre marido e mulher possa ser algo belo e desejável, nem demonstra o menor interesse na família; a fornicação ocupa o centro das atenções em suas reflexões, e toda a sua ética sexual é organizada tendo isso como referência. É como se alguém defendesse que a única razão para fazer pão é evitar que as pessoas roubem bolo. Paulo não se digna a nos explicar por que a fornicação é tão perniciosa. Somos levados a desconfiar que, tendo abandonado a lei mosaica, e sendo, por conseguinte, livre para comer carne de porco, ele deseja demonstrar que, apesar disso, seus princípios são tão rigorosos como os dos judeus ortodoxos. É possível que os longos períodos durante os quais a carne de porco tinha sido proibida a tivesse tornado, para os judeus, tão deliciosa como a fornicação; portanto, ele precisaria ser enfático no que diz respeito aos elementos ascéticos de seu credo.

A condenação de qualquer fornicação foi uma novidade da religião cristã. O Velho Testamento, como a maioria dos códigos

*Bertrand Russell*

dos primórdios da civilização, proíbe o adultério, mas adultério entendido como relação sexual com uma mulher casada. Isso fica evidente para qualquer um que leia o Velho Testamento com atenção. Por exemplo, quando Abraão vai para o Egito com Sara, ele diz ao rei que ela é sua irmã; acreditando nisso, o rei leva Sara para seu harém. Quando, em seguida, transpira a notícia de que ela é mulher de Abraão, o rei fica chocado ao constatar que, inconscientemente, cometera um pecado, censurando Abraão por não lhe haver dito a verdade. Esse era o código costumeiro da Antiguidade. Embora a mulher que tivesse relações sexuais fora do casamento fosse malvista, o homem não era condenado, a não ser que tivesse relações sexuais com a mulher de outro homem, caso em que era culpado de crime contra a propriedade. Como vimos nas passagens anteriores de Paulo, a visão cristã de que toda relação sexual fora do casamento é imoral baseava-se na visão de que toda relação sexual, mesmo dentro do casamento, é deplorável. Uma visão desse tipo, contrária à realidade biológica, só pode ser considerada uma aberração doentia por pessoas sensatas. O fato de ela estar incorporada na ética cristã fez do cristianismo, ao longo de toda a sua história, uma força responsável por distúrbios mentais e por visões mórbidas da vida.

As opiniões de Paulo foram enfatizadas e exageradas pela Igreja primitiva; o celibato foi considerado sagrado, e os homens se retiravam para o deserto para lutar contra Satã enquanto este lhes enchia a imaginação com fantasias luxuriosas.

A Igreja combateu o hábito do banho porque tudo que deixa o corpo mais atraente conduz ao pecado. A sujeira foi exaltada, e o odor de santidade tornou-se cada vez mais penetrante. "A pureza do corpo e de suas vestimentas", disse Santa Paula,

*Casamento e moral*

"significa a impureza da alma."[2] Os piolhos eram chamados de pérolas de Deus, e estar coberto de piolhos era uma marca indispensável do homem santo.

Apesar disso, Santo Abraão, o eremita, que viveu cinquenta anos após se converter, recusou-se terminantemente, a partir daquela data, a lavar o rosto e os pés. Conta-se que ele era uma pessoa de singular beleza, e seu biógrafo ressalta, de maneira um pouco estranha, que "seu rosto refletia a pureza da alma". Santo Amon jamais contemplara seu corpo nu. Uma virgem famosa chamada Sílvia, embora com 60 anos de idade, e ainda que a enfermidade física fosse consequência de seus hábitos, recusava-se firmemente a lavar qualquer parte do corpo além dos dedos. Santo Eufrásio ingressou num convento de 130 freiras que nunca lavavam os pés e que tremiam quando ouviam falar em banho. Um anacoreta certa vez imaginou que estava sendo enganado por uma alucinação do diabo ao ver deslizar pelo deserto diante de si uma criatura nua, negra em razão da sujeira e dos anos de exposição aos elementos, e com cabelos brancos que tremulavam ao vento. Era Santa Maria do Egito, outrora uma bela mulher que durante 47 anos estivera expiando desse modo seus pecados. O ocasional retrocesso dos monges que passaram a adotar hábitos de asseio foi objeto de bastante censura. "Nossos patriarcas", disse o abade Alexandre, olhando pesarosamente para o passado, "nunca lavavam o rosto, mas nós frequentamos os banhos públicos." Conta-se de um mosteiro no deserto em que os monges sofriam bastante com a falta de água potável; porém, com a prece do abade Teodósio produziu-se um rio caudaloso. Contudo, tentados pela oferta abundante, alguns monges

---

2 Havelock Ellis, *Studies in the Psychology of Sex*, v.iv, p.31.

logo deixaram de lado a antiga austeridade e convenceram o abade a se valer do rio para construir uma casa de banhos. Os monges desfrutaram de suas abluções uma vez, uma única vez antes que o rio parasse de correr. Preces, lágrimas e jejuns foram em vão. Um ano inteiro se passou. Finalmente o abade destruiu a casa de banhos que era o objeto do descontentamento divino, e as águas voltaram a correr.[3]

É evidente que, onde essas visões relacionadas ao sexo prevaleceram, as relações sexuais, quando ocorriam, tendiam a ser selvagens e brutais, como beber durante a Lei Seca. A arte do amor foi esquecida e o casamento se embruteceu.

Os serviços prestados pelos ascetas ao inculcar na mente dos homens a crença profunda e duradoura na necessidade da castidade, embora muito importantes, foram seriamente contrabalanceados por sua influência nociva sobre o casamento. Duas ou três belas descrições dessa instituição foram selecionadas da enorme quantidade de textos patrícios; em geral, porém, seria difícil imaginar algo mais vulgar ou mais repulsivo que o modo pelo qual eles encaravam o casamento. A relação que a natureza concebeu para o nobre propósito de reparar a desolação da morte, e que, como Lineu demonstrou, se estende até mesmo ao mundo das flores, era tratada invariavelmente como uma consequência da queda de Adão, e o casamento era encarado quase exclusivamente em seu aspecto mais vulgar. O terno amor que ele revela, as sagradas e belas qualidades familiares decorrentes dele não eram, de modo

---

3  Lecky, *History of European Morals from Augustus to Charlemagne*, v.ii, p.117-8.

*Casamento e moral*

algum, levados em conta. Como o objetivo do asceta era atrair os homens para a vida de celibato, o casamento era tratado, necessariamente, como uma condição inferior. Na verdade, consideravam-no necessário e, portanto, justificável, para a propagação da espécie e para livrar os homens de pecados mais graves; mas ainda como uma situação de degradação da qual todos que aspiravam à verdadeira santidade poderiam escapar. "Cortar com o machado da castidade a árvore do casamento" era, na linguagem agressiva de São Jerônimo, o objetivo do santo; e se ele concordava em glorificar o casamento era simplesmente porque ele produzia virgens. Mesmo quando o vínculo já tinha se estabelecido, o furor ascético conservava seu ferrão. Já vimos como ele envenenou outros relacionamentos da vida em família. Neste caso, o mais sagrado de todos, ele introduziu um veneno dez vezes mais poderoso. Toda vez que o fervor religioso tomava de assalto um marido ou uma esposa, sua primeira consequência era tornar insuportável uma união feliz. Imediatamente o parceiro mais religioso sentia o desejo de viver uma vida de solitário ascetismo ou, pelo menos – caso não ocorresse uma separação ostensiva –, uma vida artificial de separação dentro do casamento. O espaço imenso que esse gênero de ideias ocupa nos textos exortativos dos patriarcas e nas legendas dos santos deve ser conhecido de todos que possuem qualquer conhecimento dessa área da literatura. Assim – só para ficar em alguns poucos exemplos –, São Nilo, quando já tinha dois filhos, foi tomado por uma ânsia pelo ascetismo predominante na época, e, após derramar muitas lágrimas, sua esposa foi convencida a consentir na separação. Na noite do casamento, Santo Amon começou a saudar a noiva com uma arenga a respeito dos males da condição de casado; em consequência disso, eles concordaram em se separar imediatamente. Santa Melânia lutou durante muito tempo, e de forma determinada, para persuadir o marido a permitir que ela abandonasse sua cama antes que ele consentisse. Santo Abraão fugiu da esposa na noite do casamento. Segundo uma lenda um pouco posterior, Santo Alexis tomou a mesma decisão; contudo, passados muitos anos ele voltou de Jerusalém para a casa do pai, onde a esposa ainda lamentava seu abandono, implorou e recebeu um aposento como gesto de caridade, vivendo ali desprezado, incompreendido e desconhecido até a morte.[4]

A Igreja Católica, entretanto, não permaneceu tão contrária à biologia como Paulo e os ermitãos da Tebaida. De Paulo podemos concluir que o casamento deve ser considerado unicamente como uma saída mais ou menos legítima para a luxúria. Não se poderia concluir de suas palavras que ele tivesse qualquer objeção ao controle de natalidade; pelo contrário, poderíamos ser levados a imaginar que ele consideraria perigosos os períodos de abstinência que a gravidez e o parto implicavam. A Igreja seguiu um rumo diferente. Na doutrina cristã ortodoxa, o casamento tem dois propósitos: um, o reconhecido por Paulo; o outro, a geração de filhos. A consequência foi tornar a moral sexual ainda mais exigente do que Paulo fizera. Além da relação sexual ser legítima apenas dentro do casamento, mesmo entre marido e mulher ela se torna um pecado, a menos que haja a expectativa de que resulte em gravidez. Segundo a Igreja Católica, o desejo de uma descendência legítima é, na verdade, o único motivo que pode justificar a relação sexual. Contudo, esse motivo a justifica sempre, não importa a crueldade que possa acompanhá-lo. Se a mulher odeia ter relações sexuais, se existe a probabilidade

---

4 Lecky, op. cit., p.339-41.

*Casamento e moral*

de que a criança seja doente ou portadora de doença mental, se não há recursos suficientes que impeçam a mais extrema miséria, nada disso impede que se justifique o homem quando ele insiste em seus direitos conjugais, contanto que ele tenha a expectativa de gerar um filho.

A doutrina católica sobre esse assunto tem dois fundamentos: de um lado, ela se baseia no ascetismo já encontrado em Paulo; do outro, na visão de que é desejável trazer ao mundo o maior número de almas possível, já que toda alma é passível de salvação. Por alguma razão que foge de minha compreensão, o fato de as almas também serem passíveis de condenação não é levado em conta, e, no entanto, ele parece bastante relevante. Por exemplo, embora os católicos usem sua influência política para impedir que os protestantes pratiquem o controle de natalidade, eles precisam defender a ideia de que a grande maioria das crianças protestantes cuja existência se deve a sua política vão sofrer no outro mundo por toda a eternidade. Isso faz que seu gesto pareça um tanto indelicado, mas não há dúvida de que não se espera que um leigo compreenda esses mistérios.

O reconhecimento dos filhos como um dos objetivos do casamento é bastante limitado na doutrina católica. Ele se esgota ao inferir que a relação sexual que não está voltada para a geração de filhos é pecaminosa. Nunca chegou ao ponto de permitir a dissolução do casamento em razão da esterilidade. Por mais ardentemente que o homem deseje ter filhos, se por acaso sua mulher for estéril, a ética cristã não apresenta nenhuma saída. O fato é que o propósito positivo do casamento, a saber, a procriação, tem um papel bastante secundário; como no caso de Paulo, seu principal propósito continua sendo evitar o pecado. A fornicação ainda ocupa o centro das atenções, e o casamento ainda é considerado essencialmente como uma alternativa pouco menos deplorável.

A Igreja Católica tentou encobrir esse aspecto inferior do casamento por meio da doutrina que considera o casamento um sacramento. O valor prático dessa doutrina está na conclusão de que o casamento é indissolúvel. Não importa o que qualquer um dos parceiros possa fazer, se um deles enlouquece, contrai sífilis, vira alcoólatra ou vive abertamente com outra pessoa, a relação dos dois permanece sagrada, e, embora em determinadas circunstâncias se possa admitir uma separação *a mensa et foro*, o direito de se casar novamente nunca pode ser concedido. Naturalmente, em muitos casos isso provoca um grande sofrimento, porém, já que é da vontade de Deus, o sofrimento deve ser suportado.

Junto com essa teoria extremamente rígida, o catolicismo sempre teve um certo grau de tolerância com aquilo que ele considera pecado. Como a Igreja reconheceu que não se podia esperar que a natureza humana pudesse viver de acordo com suas normas, ela se preparou para dar absolvição pela fornicação contanto que o pecador reconhecesse sua falta e fizesse penitência. Essa tolerância prática foi uma maneira de aumentar o poder do clero, já que só ele podia absolver, e, sem a absolvição, a fornicação acarretaria a condenação eterna.

A visão do protestantismo é um pouco diferente: teoricamente menos severa, mas, na prática, de certo modo, mais severa. Lutero estava muito impressionado com o texto "É melhor casar que viver abrasado" e também estava apaixonado por uma freira. Ele concluiu que, apesar dos votos de castidade, ele e a freira tinham o direito de se casar, uma vez que, de outro modo, dada a força de seu desejo sexual, ele incorreria em pecado

*Casamento e moral*

mortal. Por conseguinte, o protestantismo abandonou a glorificação do celibato, que fora típico da Igreja Católica, e, nos lugares em que prosperou, abandonou também a doutrina de que o casamento é um sacramento, tolerando o divórcio em determinadas circunstâncias. Os protestantes, porém, ficavam mais chocados com a fornicação que os católicos, sendo, de modo geral, mais rígidos em suas condenações morais. Como a Igreja Católica contasse com uma certa quantidade de pecado, ela providenciou formas de lidar com ele; os protestantes, ao contrário, abandonaram as práticas católicas da confissão e da absolvição, deixando o pecador numa posição muito mais desesperadora que a que ele ocupava na Igreja Católica. Podem-se perceber os dois aspectos dessa postura nos Estados Unidos de hoje, onde o divórcio é extremamente fácil, mas o adultério é condenado de forma muito mais severa que na maioria dos países católicos.

É evidente que o universo todo da ética cristã, tanto em sua forma católica como protestante, precisa ser revisto o mais profundamente possível sem os preconceitos a que a educação cristã predispõe a maioria de nós. Afirmações enfáticas e repetidas, em especial durante a infância, geram na maioria das pessoas uma crença tão firme que chega a dominar até mesmo o inconsciente; e muitos de nós que supomos que nossa atitude com relação à ortodoxia é bastante independente ainda somos controlados, inconscientemente, por suas doutrinas. Devemos nos perguntar, com bastante franqueza, o que levou a Igreja a condenar radicalmente a fornicação. Acreditamos que ela tinha motivos válidos para essa condenação? Ou, se não, existem razões além das citadas pela Igreja, que possam nos conduzir à mesma conclusão? A postura da Igreja primitiva era que há algo de essencialmente impuro no ato sexual, embora ele deva ser desculpado quando acontece após preencher determinadas condições prévias. Essa postura deve ser encarada, em si mesma, como pura superstição; os motivos que levaram a sua adoção foram, possivelmente, aqueles que examinamos no último capítulo como responsáveis pelo surgimento de uma postura antissexual; ou seja, aqueles que primeiro impuseram essa visão devem ter sofrido de uma doença física ou mental, ou de ambas. O fato de uma opinião ter sido bastante defendida não prova que ela não seja completamente absurda; na verdade, considerando a estupidez da maioria da humanidade, é mais provável que uma crença muito difundida seja tola e não sensata. Os ilhéus de Pelew acreditam que para conquistar a felicidade eterna é indispensável furar o nariz.[5] Os europeus julgam que esse objetivo é mais bem alcançado molhando a cabeça enquanto se pronunciam determinadas palavras. A crença dos ilhéus de Pelew é uma superstição; a crença dos europeus é uma das verdades de nossa religião divina.

Jeremy Bentham montou uma tabela das origens da ação, na qual cada desejo humano era nomeado em três colunas paralelas conforme os homens quisessem elogiá-lo, censurá-lo ou tratá-lo de forma neutra. Desse modo, encontramos numa coluna "glutonaria" e, ao seu lado, na coluna seguinte, "amor pelos prazeres da mesa em sociedade". E, uma vez mais, encontramos na coluna que atribui epítetos laudatórios aos impulsos, "espírito público", e ao seu lado, na coluna seguinte, "ódio". Recomendo a todos que desejam raciocinar com clareza sobre qualquer tema ético que imitem Bentham nesse particular; e que, após terem se acostumado ao fato de que quase toda palavra que

---

5 Westermarck, *The History of Human Marriage*, p.170.

transmite censura possui um sinônimo que transmite elogio, adquiram o hábito de usar palavras que não transmitam nem elogio nem censura. Tanto "adultério" como "fornicação" são termos que transmitem uma reprovação moral tão forte que enquanto eles forem empregados será difícil raciocinar com clareza. No entanto, existem outros termos usados por aqueles escritores lascivos que desejam corromper nossa moral: tais escritores falam de "galanteria" ou de "amor liberto das frias cadeias da lei". Os dois conjuntos de expressões são concebidos para despertar preconceitos; se queremos raciocinar de maneira imparcial, devemos evitar tanto o primeiro conjunto como o segundo. Infelizmente, isso empobrecerá, de maneira inevitável, nosso estilo literário. Tanto os termos elogiosos como termos de censura são pitorescos e interessantes. O leitor pode se empolgar com uma invectiva ou um panegírico, e basta um pouco de habilidade para que o autor desperte suas emoções na direção que desejar. Nós, porém, que desejamos apelar à razão, devemos empregar expressões neutras insípidas como "relações sexuais extraconjugais". No entanto, talvez essa regra seja rígida demais, pois, afinal de contas, estamos tratando de um assunto no qual as emoções humanas estão fortemente implicadas, e, se eliminarmos de todo a emoção do texto, talvez não consigamos transmitir a natureza do assunto com o qual estamos lidando. Com relação a todos os temas sexuais existe uma polaridade conforme eles sejam descritos do ponto de vista dos participantes ou dos intrusos invejosos. O que nós mesmos fazemos é "galanteria"; o que os outros fazem é "fornicação". Em consequência, precisamos lembrar das expressões emocionalmente pitorescas e podemos empregá-las de vez em quando; mas devemos fazê-lo com parcimônia, e, na maior parte do tempo, devemos nos contentar com uma fraseologia neutra e cientificamente acurada.

Por meio da ênfase atribuída à virtude sexual, a ética cristã ajudou bastante a rebaixar a posição da mulher. Já que os moralistas eram homens, a mulher aparecia como a tentadora; se essa função tivesse sido ocupada por mulheres, o homem teria tido esse papel. Já que a mulher era a tentadora, era desejável reduzir suas oportunidades de levar os homens a cair em tentação. Por conseguinte, as mulheres respeitáveis estavam mais a salvo das restrições, enquanto as mulheres que não eram respeitáveis, sendo consideradas pecadoras, eram tratadas com o mais profundo desprezo. Só em tempos mais recentes é que as mulheres reconquistaram o grau de liberdade de que desfrutavam no Império Romano. Como vimos, embora o sistema patriarcal tenha tido uma enorme responsabilidade na escravização das mulheres, grande parte disso foi desfeito logo antes do surgimento do cristianismo. Após Constantino, a liberdade das mulheres foi novamente cerceada sob o pretexto de protegê-las do pecado. Somente com o declínio da noção de pecado nos tempos modernos é que as mulheres começaram a reconquistar sua liberdade.

Os textos dos patriarcas estão cheios de invectivas contra a mulher.

A mulher era representada como a porta do inferno, como a mãe de todas as calamidades humanas. Ela deveria se envergonhar com a própria ideia de que é uma mulher. Ela deveria viver em contínua penitência, por causa das maldições que trouxera sobre o mundo. Ela deveria se envergonhar de sua roupa, pois era a lembrança da queda. Ela devia se envergonhar especialmente de sua beleza, pois esta é o instrumento mais poderoso do demônio. Na verdade, a

*Casamento e moral*

beleza física era, permanentemente, o tema das acusações eclesiásticas, embora pareça que tenha sido feita uma exceção curiosa; pois se percebeu que, durante a Idade Média, a beleza pessoal dos bispos era mencionada frequentemente em seus túmulos. Por ordem de um Concílio provincial do século VI, as mulheres estavam proibidas, por causa de sua impureza, de receber a Eucaristia com as mãos nuas. Elas foram mantidas sempre numa posição essencialmente subalterna.[6]

As leis referentes à propriedade e à herança foram modificadas no mesmo sentido contra as mulheres, e foi somente por meio dos livres-pensadores da Revolução Francesa que a filhas reconquistaram seus direitos de herança.

---

6 Lecky, op. cit., p.357-8.

# 6.
## *O amor romântico*

Com a vitória do cristianismo e dos bárbaros, as relações entre homens e mulheres atingiram um nível de brutalidade que durante séculos estivera ausente do mundo antigo, que era cruel mas não brutal. Na Idade das Trevas, a religião e a barbárie se uniram para aviltar o aspecto sexual da vida. No casamento, a esposa não tinha nenhum direito; fora do casamento, já que tudo era pecado, não havia a preocupação de controlar a bestialidade natural do homem incivilizado. Repulsiva, a imoralidade na Idade Média estava por toda parte; bispos viviam abertamente em pecado com suas próprias filhas e arcebispos promoviam seus protegidos homens para as dioceses mais próximas.[1] Embora houvesse uma crença cada vez maior no celibato, a prática não acompanhava a regra. Ainda que o papa Gregório VII tivesse feito um esforço enorme para obrigar os padres a abandonar suas concubinas, muito tempo depois, na época de Abelardo, descobrimos que o papa considerava admissível, embora escandaloso, que Abelardo se casasse com Heloísa. Só por volta do

---

1 Lea, *A History of the Inquisition in the Middle Ages*, v.i, p.9, 14.

final do século XIII é que o celibato do clero foi implantado de maneira rigorosa. Os elementos do clero, naturalmente, continuaram a manter relações ilícitas com as mulheres, embora não pudessem conferir nenhuma dignidade ou beleza a essas relações, devido ao fato de eles próprios as considerarem imorais e impuras. Nem a Igreja podia, em vista de sua visão ascética do sexo, fazer o que quer que fosse para embelezar a ideia de amor. Tal tarefa cabia, necessariamente, ao laicato.

Não surpreende que, uma vez tendo quebrado os votos e iniciado uma vida que consideravam mergulhada no pecado, o clero tenha logo decaído muito abaixo do nível do laicato. Podemos não dar muita importância a casos isolados de devassidão como o do papa João XXII, que, entre muitos outros crimes, foi condenado por incesto e adultério; ou o do abade indicado por Santo Agostinho da Cantuária, sobre o qual se descobriu, após uma investigação feita em 1171, que tinha dezessete filhos ilegítimos num único vilarejo; ou o de um abade de São Pelágio, na Espanha, o qual, conforme ficou provado em 1130, mantinha mais de setenta concubinas; ou o de Henrique III, bispo de Liège, deposto em 1274 por ter 65 filhos ilegítimos; é impossível resistir, porém, ao testemunho de uma longa série de concílios e autores eclesiásticos agindo em conjunto ao descrever pecados muito mais importantes que o simples concubinato. Percebeu-se que quando os padres se casavam de verdade, a consciência de que esses laços eram ilegais era sobretudo fatal para sua fidelidade, e a bigamia e a extrema inconstância das ligações eram particularmente comuns entre eles. Os escritores da Idade Média estão cheios de histórias de conventos de freiras que pareciam bordéis, da enorme quantidade de infanticídios dentro de seus muros e da predominância

*Casamento e moral*

inveterada do incesto entre o clero, que fez que se tornasse necessária, muitas vezes, a imposição das mais rigorosas sanções impedindo que os padres morassem com a mãe ou com as irmãs. Mais de uma vez é mencionado que o amor contrário à natureza, cuja erradicação quase completa do mundo fora um dos mais importantes serviços prestados pelo cristianismo, continuava existindo nos mosteiros; e logo antes da Reforma, as denúncias de que o confessionário era utilizado para fins de libertinagem tornaram--se intensas e frequentes.[2]

Ao longo da Idade Média ocorreu a mais estranha divisão entre as tradições greco-romanas da Igreja e as tradições teutônicas da aristocracia. Embora cada uma tivesse sua contribuição a dar à civilização, as contribuições foram completamente distintas. A Igreja contribuiu com a ciência, a filosofia, o direito canônico e o conceito de unidade do cristianismo – todos eles resultado da tradição legada pela antiguidade mediterrânea. O laicato contribuiu com o direito consuetudinário, as formas de governo secular, a cavalaria, a poesia e o romantismo. A contribuição que nos interessa especialmente é o amor romântico.

Embora não seja correto dizer que o amor romântico fosse desconhecido antes da Idade Média, foi somente nesse período que ele se tornou uma forma de paixão reconhecida por todos. O que existe de fundamental no amor romântico é que ele considera o objeto amado como algo muito difícil de possuir e muito precioso. Por conseguinte, ele faz inúmeros tipos de tentativas importantes para conquistar o amor do objeto amado: a poesia, as canções, os feitos guerreiros ou qualquer

---

2  Lecky, *History of European Morals from Augustus to Charlemagne*, p.350-1.

outro método que a dama possa considerar agradável. Como a crença no valor imenso da dama é um efeito psicológico advindo da dificuldade de conquistá-la, penso que é possível afirmar que quando um homem não tem dificuldade de conquistar uma mulher, seu sentimento com relação a ela não assume a forma de amor romântico. Tal como aparece na Idade Média, o amor romântico não se voltava inicialmente às mulheres com quem o amante poderia ter relações sexuais legítimas ou ilegítimas; ele se voltava para as mulheres da mais alta respeitabilidade, que se encontravam afastadas de seus amantes românticos pelas insuperáveis barreiras da decência e da tradição. A Igreja desempenhou de maneira tão completa sua missão de fazer com que os homens considerassem o sexo intrinsecamente impuro que tinha se tornado impossível experimentar qualquer sentimento poético por uma dama a menos que ela fosse considerada inatingível. Consequentemente, para que tivesse alguma beleza, o amor tinha de ser platônico. O indivíduo contemporâneo tem muita dificuldade de imaginar a psicologia dos amantes poetas da Idade Média. Como eles professam uma devoção profunda, mas não desejam ter nenhuma intimidade, isso parece tão estranho para o indivíduo contemporâneo que ele tende a considerar esse amor como uma simples convenção literária. Não há dúvida de que de vez em quando ele não era mais que isso, e, incontestavelmente, sua expressão literária era dominada pelas convenções. Entretanto, o amor de Dante por Beatriz, tal como foi expresso na *Vita Nuova*, com certeza não é apenas convencional; pelo contrário, devo dizer que é um sentimento mais apaixonado que qualquer outro conhecido pela maioria dos contemporâneos. Os espíritos mais nobres da Idade Média condenavam a vida terrena; para eles, os instintos humanos eram

# Casamento e moral

uma consequência da depravação e do pecado. Eles odiavam o corpo e suas luxúrias; a alegria pura, para eles, só era possível numa espécie de contemplação extática que lhes parecia completamente livre de toda mistura sexual. No âmbito do amor, esse ponto de vista só poderia gerar o tipo de postura encontrado em Dante. Um homem que amasse e respeitasse profundamente uma mulher acharia impossível associar a ela a ideia de relação sexual, uma vez que, para ele, toda relação sexual seria mais ou menos impura; em consequência, seu amor assumiria formas poéticas e criativas e, naturalmente, se tornaria pleno de simbolismo. O efeito disso tudo na literatura foi admirável, como se pode constatar no desenvolvimento gradual da poesia de amor, dos primórdios na corte do imperador Frederico II ao florescer durante o Renascimento.

Um dos principais relatos que conheço sobre o amor no final da Idade Média encontra-se no livro de Huizinga *O outono da Idade Média* (1924).

Quando no século XII [diz ele] os trovadores da Provença colocaram o desejo insatisfeito no centro da concepção poética do amor, aconteceu uma mudança importante na história da civilização. Embora a Antiguidade também tivesse cantado os sofrimentos do amor, ela nunca os imaginara senão como a expectativa da felicidade ou como sua frustração lamentável. O aspecto piegas de Píramo e Tisbe, de Céfalo e Prócris, está em seu trágico fim; na dolorosa perda de uma felicidade já usufruída. Por outro lado, a poesia cortesã faz do próprio desejo o *motif* fundamental, criando assim uma concepção de amor com uma base negativa. Sem abandonar completamente a ligação com o amor sensual, o novo ideal poético conseguia abarcar todos os tipos de aspiração ética. O amor tornou-se então o campo em que florescia todo tipo de perfeição moral e cultural. Por causa desse amor, o amante cortesão é puro e virtuoso. O elemento espiritual predomina cada vez mais até que, por volta do fim do século XIII, o *dolce stil nuovo* de Dante e seus amigos acaba atribuindo ao amor o dom de provocar um estado de devoção e de percepção do divino. Havia-se chegado, nesse momento, a um extremo. A poesia italiana iria encontrar gradativamente o caminho de volta para uma expressão menos sublime do sentimento erótico. Petrarca divide-se entre o ideal do amor espiritualizado e o encanto mais natural dos padrões antigos. Logo se abandona o método artificial do amor cortesão, e suas distinções sutis não serão restabelecidas quando o platonismo do Renascimento, já latente na concepção cortesã, der origem a novas formas de poesia erótica com uma inclinação espiritual.

Não obstante, na França e na Borgonha a evolução não se deu exatamente do mesmo modo que na Itália, uma vez que os conceitos aristocráticos franceses do amor eram dominados pelo *Romance da rosa*, o qual, embora tratasse do amor cavalheiresco, não exigia que ele permanecesse insatisfeito. Foi, na verdade, uma reação contra os ensinamentos da Igreja e uma declaração praticamente pagã do lugar legítimo do amor na vida.

A existência de uma classe alta cujos conceitos intelectuais e morais são preservados numa *ars amandi* continua sendo um acontecimento histórico bastante excepcional. Em nenhum outro período o ideal de civilização uniu-se a tal ponto com o ideal de amor. Assim como a escolástica representa o grande esforço do espírito medieval para unir todo o pensamento filosófico num único núcleo, também a teoria do amor cortesão, numa esfera menos

*Casamento e moral*

elevada, tende a abarcar tudo que se refere à vida cortesã. O *Romance da rosa* não destruiu o modelo; ele apenas modificou suas tendências e enriqueceu seus conteúdos.[3]

Embora a época fosse de extrema vulgaridade, o tipo de amor defendido pelo *Romance da rosa*, ainda que não fosse virtuoso no sentido clerical, é refinado, galante e delicado. É claro que tais ideias só serviam para a aristocracia; elas pressupunham não somente tempo livre, mas também uma certa emancipação da tirania eclesiástica. Os torneios, em que predominavam os temas amorosos, eram abominados pela Igreja, que, no entanto, era impotente para suprimi-los; de igual modo, também não era capaz de suprimir o modelo de amor cavalheiresco. Em nossa era democrática, temos a tendência de esquecer o que o mundo deveu, em diversos momentos, à aristocracia. Certamente, na questão do renascimento do amor a Renascença não poderia ter sido tão bem-sucedida se o caminho não tivesse sido preparado pelos romances de cavalaria.

Durante o Renascimento, em consequência da mudança repentina com relação ao paganismo, o amor deixou de ser principalmente platônico, embora continuasse sendo poético. É possível descobrir o que o Renascimento pensava das convenções medievais na história de dom Quixote e Dulcineia. Não obstante, a tradição medieval não deixou de ter influência; *Astrofel e Estela*, de Sydney, está cheio dela, e os sonetos de Shakespeare ao sr. W. H. são muito inspirados por ela. No geral, contudo, a poesia de amor típica do Renascimento é alegre e direta:

---

3  Huizinga, *The Waning of the Middle Ages*, p.95-6.

*Não zombe de mim em teu leito*
*Enquanto as noites frias me congelam até a morte*

diz um poeta elisabetano. Deve-se admitir que esse sentimento é direto e desinibido e de modo algum platônico. Seja como for, o Renascimento aprendera com o amor platônico medieval a usar a poesia como uma forma de galanteio. Em *Cimbelino*, Cloten é motivo de riso por ser incapaz de criar seu próprio poema de amor, tendo de contratar uma pena de aluguel que produz *Hark, hark, the lark* [Escuta, escuta a cotovia] – um esforço digno de crédito, eu diria. É estranho que, antes da Idade Média, embora existisse uma grande produção poética que se ocupava do amor, muito pouco dessa produção fosse um elemento direto do galanteio. Existe uma poesia chinesa que representa a dor que a dama sente pela ausência de seu senhor; existe uma poesia mística indiana em que a alma é representada como a noiva que anseia pela chegada do noivo, que é Deus; no entanto, chegamos à conclusão de que era tão fácil para os *homens* conseguir as mulheres que desejavam que eles raramente precisaram cortejá-las por meio da música e da poesia. Do ponto de vista das artes, decerto é deplorável quando as mulheres são acessíveis demais; o mais desejável é que o acesso a elas seja difícil, mas não impossível. Essa situação persiste mais ou menos desde o Renascimento. As dificuldades têm sido em parte externas e em parte internas, sendo estas últimas decorrentes de escrúpulos devidos aos ensinamentos morais tradicionais.

O amor romântico alcançou seu apogeu no Romantismo, e Shelley talvez possa ser considerado seu principal apóstolo. Ao se apaixonar, Shelley se viu tomado por estranhas sensações e por um tipo de ideias criativas que o levava a se expressar por

*Casamento e moral*

meio da poesia; como era de se esperar, ele considerava que o sentimento que produzia esses resultados era absolutamente sincero, e não via razão nenhuma para que o amor jamais fosse reprimido. Seu raciocínio, no entanto, estava baseado numa falsa psicologia. Foram os obstáculos aos seus desejos que o levaram a escrever poesia. Se a nobre e infeliz dama Emília Viviani não tivesse sido levada para um convento, ele não teria achado necessário escrever *Epipsychidion*; se Jane Williams não tivesse sido uma esposa completamente virtuosa, ele jamais teria escrito *The Recollection*. As barreiras sociais contra as quais ele lançou suas invectivas representaram um elemento essencial do estímulo para que ele realizasse seus principais feitos. Tal como existia em Shelley, o amor romântico depende de um estado de equilíbrio instável em que as barreiras convencionais ainda existem, mas não são completamente insuperáveis; se as barreiras forem rígidas, ou se não existirem, é provável que o amor romântico não floresça. Consideremos, num extremo, o modelo chinês: nesse modelo, o homem nunca conhece nenhuma mulher respeitável com exceção da própria esposa; e, quando considera que ela não o satisfaz plenamente, ele vai a um bordel; sua esposa é escolhida para ele e ele provavelmente só vai conhecê-la no dia do casamento. Consequentemente, todas as suas relações sexuais estão separadas do amor no sentido romântico, e ele nunca tem a oportunidade de realizar todas aquelas tentativas de galanteio que dão origem à poesia amorosa. Por outro lado, numa situação de liberdade total, é provável que o homem capaz de escrever poesia amorosa de qualidade obtenha tanto sucesso por meio de seus encantos que raramente precisará lançar mão de seu esforço criativo superior para conquistar alguém. Portanto, a poesia amorosa depende de um certo equilíbrio delicado entre convenção e liberdade, e é provável que não exista em sua forma superior onde esse equilíbrio for perturbado em qualquer das direções.

Não obstante, a poesia amorosa não é o único objetivo do amor, e o amor romântico pode florescer mesmo onde não leva à expressão artística. Acredito que o amor romântico seja a fonte dos mais intensos prazeres que a vida tem a oferecer. Na relação entre um homem e uma mulher que se amam com paixão, criatividade e ternura existe algo de valor inestimável cujo desconhecimento representa uma enorme infelicidade para qualquer ser humano. Penso que é importante que o sistema social seja constituído de tal maneira que permita essa alegria, embora ela só possa ser um ingrediente da vida, e não seu objetivo principal.

Em tempos bem mais recentes, ou seja, desde aproximadamente a época da Revolução Francesa, tomou corpo a ideia de que o casamento deve ser o resultado do amor romântico. A maioria dos contemporâneos, pelo menos nos países de língua inglesa, considera isso uma verdade evidente, sem ter a menor ideia de que, não faz muito tempo, isso representou uma mudança revolucionária. Um século atrás, os romances e peças tratavam, em grande medida, da luta da geração mais jovem para estabelecer esse novo fundamento para o casamento, em oposição ao casamento tradicional em que a escolha cabia aos pais. É duvidoso que o resultado tenha sido tão bom como os inovadores esperavam. Algo deve ser dito em defesa do postulado da sra. Malaprop de que, como o amor e o ódio diminuem aos poucos durante o matrimônio, é melhor começar com um pouco de ódio. O certo é que quando as pessoas se casam sem um conhecimento sexual prévio recíproco e influenciadas pelo amor romântico, cada um supõe que o outro está imbuído apenas das

*Casamento e moral*

perfeições terrenas e imagina que o casamento será um sonho de felicidade sem fim. A mulher está especialmente sujeita a isso, caso tenha sido criada na ignorância e na pureza, sendo, portanto, incapaz de diferenciar apetite sexual de compatibilidade. Nos Estados Unidos, onde a visão romântica do casamento tem sido levada mais a sério que em qualquer outro lugar, e onde tanto a lei como os costumes se baseiam nas fantasias das solteironas, o resultado tem sido o predomínio exagerado do divórcio e casamentos felizes extremamente raros. O casamento é algo mais importante que o prazer que duas pessoas sentem em estar juntas; é uma instituição que, pelo fato de dar origem a crianças, faz parte da estrutura profunda da sociedade e cuja importância vai muito além dos sentimentos pessoais do casal. Embora possa ser desejável – penso que é – que o amor romântico constitua o motivo para o casamento, devemos compreender que o tipo de amor que permite que o casamento permaneça feliz e preencha sua finalidade social não é o romântico, mas algo mais íntimo, afetuoso e realista. No amor romântico, o objeto amado não é visto de forma acurada, e sim através de uma névoa de glamour. Não há dúvida de que é possível, para um certo tipo de mulher, manter-se envolta nessa névoa mesmo depois do casamento, contanto que ela tenha um certo tipo de marido; contudo, isso só pode ser alcançado se ela evitar qualquer intimidade verdadeira com o marido e preservar uma discrição enigmática no que diz respeito aos seus pensamentos e sentimentos mais profundos, bem como um certo grau de privacidade física. De qualquer modo, essas manobras impedem que o casamento realize seus potenciais mais importantes, os quais dependem de uma intimidade afetuosa totalmente livre de ilusão. Além do mais, a visão de que o amor romântico é essencial para o casamento é caótica demais e, assim como a visão do apóstolo Paulo, embora no sentido contrário, ela esquece que são os filhos que tornam o casamento importante. Não fossem os filhos, não haveria necessidade de nenhuma instituição que se preocupasse com o sexo; porém, assim que os filhos entram em cena, o marido e a esposa, caso tenham qualquer descendente, são obrigados a constatar que o que eles sentem um pelo outro já não é o mais importante.

# 7.
# *A liberação das mulheres*

A situação transitória da moral sexual no presente deve-se principalmente a dois motivos: a invenção dos contraceptivos e a emancipação das mulheres. Examinarei o primeiro numa etapa posterior; o tema deste capítulo é o segundo. A emancipação das mulheres faz parte do movimento de democratização; ela começa com a Revolução Francesa, que, como já vimos, modificou as leis de herança de modo a favorecer as filhas. Publicado em 1792, *A Vindication of the Rights of Woman* [Uma defesa dos direitos da mulher], de Mary Wollstonecraft, é resultado das ideias que motivaram a Revolução Francesa e foram motivadas por ela. De sua época até os dias de hoje, a reivindicação das mulheres pela igualdade com os homens tem sido afirmada com uma ênfase e um êxito cada vez maiores. *Subjection of Women* [A sujeição das mulheres], de John Stuart Mill, é um livro convincente e bem fundamentado que teve uma grande influência sobre os membros mais inteligentes da geração que veio logo depois da sua. Meus pais eram seus seguidores, e minha mãe costumava discursar em defesa do voto feminino já na década de 1860. Tão zeloso era seu feminismo que ela fez que eu viesse ao mundo pelas mãos da primeira médica, a dra. Garrett Anderson, que, à época, não era médica habilitada, sendo apenas parteira certificada. Como naqueles dias iniciais o movimento feminista estivesse limitado às classes alta e média, ele não tinha muita força política. Embora o projeto de lei que dava o direito de voto às mulheres fosse submetido anualmente ao Parlamento, e ainda que sempre fosse apresentado pelo sr. Faithful Begg e apoiado pelo sr. Strangways Pigg, ele não teve nenhuma possibilidade, à época, de se transformar em lei. Não obstante, as feministas de classe média de então alcançaram um êxito importante em sua própria esfera, a saber, a aprovação da Lei Sobre a Propriedade das Mulheres Casadas (1882). Até a aprovação dessa lei, qualquer propriedade que a mulher casada possuísse ficava sob o controle do marido, embora, é claro, quando havia um fideicomisso, ele não pudesse usar o capital. Como a história posterior do movimento feminista do ponto de vista político é por demais recente e por demais conhecida, não é preciso recapitulá-la. De qualquer modo, vale a pena observar que, dada a enorme importância da mudança de perspectiva implicada, a rapidez com que as mulheres conquistaram seus direitos políticos na maioria dos países civilizados não tem paralelo no passado. A abolição da escravidão é mais ou menos análoga, já que não existiu escravidão nos países europeus em épocas recentes, e ela não dizia respeito a algo tão íntimo como as relações entre homens e mulheres.

Creio que são dois os motivos dessa mudança: de um lado, havia a influência direta do modelo democrático, que impossibilitou que se encontrasse qualquer contestação lógica às exigências das mulheres; de outro, havia o fato de que um número cada vez maior de mulheres estava ganhando a vida fora de casa

*Casamento e moral*

sem depender da permissão dos pais ou dos maridos para assegurar seu bem-estar cotidiano. Naturalmente, essa situação atingiu o clímax durante a guerra, quando grande parte do trabalho normalmente realizado pelos homens teve de ser assumido pelas mulheres. Antes da guerra, uma das objeções geralmente evocadas contra o voto feminino era que as mulheres tinham a tendência de ser pacifistas. Durante a guerra, elas refutaram amplamente essa acusação, e o direito de voto lhes foi concedido por sua participação no esforço sangrento. Embora para as pioneiras idealistas – que haviam imaginado que as mulheres iriam elevar o nível ético da política – essa saída possa ter sido decepcionante, parece que o destino dos idealistas é alcançar aquilo pelo qual lutaram de um modo que destrói seus ideais. Naturalmente, os direitos das mulheres não dependiam, na verdade, de nenhuma crença de que elas fossem moralmente, ou de alguma outra forma, superiores aos homens; eles dependiam unicamente de seus direitos como seres humanos ou, antes, da argumentação geral em defesa da democracia. Porém, como sempre acontece quando uma classe ou uma nação oprimida reivindica seus direitos, os defensores procuraram fortalecer a argumentação geral alegando que as mulheres possuíam virtudes específicas, e apresentando essas virtudes como se elas fossem de natureza moral.

Entretanto, a emancipação política das mulheres só diz respeito ao nosso tema de maneira indireta; o importante é a emancipação social ligada ao casamento e à moral. Nos tempos primitivos, e no Oriente até os dias de hoje, assegurava-se a pureza das mulheres por meio do isolamento. Embora não se fizesse nenhuma tentativa de lhes dar um autocontrole interno, fazia-se de tudo para afastar qualquer ocasião que propiciasse o pecado. Embora esse método nunca tenha sido seriamente adotado no Ocidente, as mulheres respeitáveis eram educadas desde pequenas a ter aversão ao relacionamento sexual fora do casamento. À medida que as técnicas de educação se tornavam cada vez mais aperfeiçoadas, removiam-se cada vez mais as barreiras externas. Aqueles que mais se empenharam para remover as barreiras externas estavam convencidos de que as barreiras internas seriam suficientes. Considerava-se, por exemplo, que a dama de companhia era desnecessária, já que uma moça fina que tivesse recebido uma boa educação jamais cederia às investidas dos jovens, por mais que as oportunidades se apresentassem. Quando eu era jovem, as mulheres respeitáveis geralmente consideravam que a relação sexual era desagradável para a grande maioria das mulheres, sendo suportada no casamento apenas por obrigação; como tinham esse ponto de vista, elas não hesitavam em correr o risco de dar um grau de liberdade maior a suas filhas do que parecia prudente em épocas mais pragmáticas. As consequências foram, talvez, um pouco diferentes do que se esperava, e a diferença existiu tanto com respeito às mulheres casadas como às solteiras. As mulheres da era vitoriana viviam, e muitas mulheres ainda vivem, numa prisão mental. Essa prisão não era evidente para a consciência, já que consistia em inibições inconscientes. A queda das inibições que ocorreu entre os jovens de nossa época levou ao ressurgimento, na consciência, de desejos instintivos que haviam sido enterrados debaixo de montanhas de puritanismo. Isso está tendo um efeito bastante revolucionário sobre a moral sexual, não somente num país ou numa classe, mas em todos os países civilizados e em todas as classes.

Desde o início, a exigência de igualdade entre homens e mulheres dizia respeito não somente a questões políticas, mas

*Casamento e moral*

também à moralidade sexual. Embora a postura de Mary Wollstonecraft fosse completamente moderna, nesse aspecto ela não foi imitada pelas pioneiras dos direitos das mulheres que a sucederam. Pelo contrário, elas eram, em sua maioria, moralistas rigorosas, que esperavam impor aos homens os freios morais que até então só haviam sido suportados por elas. Desde 1914, contudo, jovens mulheres, sem teorizar muito, têm seguido um caminho diferente. Embora não haja dúvida de que o entusiasmo emocional da guerra foi o motivo que precipitou essa nova mudança, de qualquer modo ela não teria demorado a acontecer. No passado, as causas da virtude feminina eram, sobretudo, o medo do fogo do inferno e o medo de engravidar; o primeiro foi afastado pelo declínio da ortodoxia teológica e o segundo, pelos contraceptivos. Durante um certo tempo a moral tradicional conseguiu se manter por meio da força dos costumes e da preguiça mental; o choque da guerra, contudo, fez que essas barreiras desmoronassem. As feministas contemporâneas não estão mais tão ansiosas em reduzir os "vícios" dos homens como as feministas de trinta anos atrás; elas exigem, antes, que aquilo que é permitido aos homens também seja permitido a elas. Suas precursoras buscavam a igualdade da escravidão moral, enquanto elas buscam a igualdade da liberdade moral.

Como esse movimento todo ainda se encontra numa etapa muito inicial, é impossível dizer como ele irá se desenvolver. A maioria de seus adeptos e praticantes ainda é bastante jovem, e ele conta com pouquíssimos defensores entre pessoas de peso e importância. Embora a polícia, a lei, a Igreja e os pais fiquem contra eles sempre que a verdade chega ao conhecimento desses repositórios do poder, os jovens em geral têm a gentileza de escondê-la daqueles a quem ela poderia causar sofrimento. Os velhos acreditam que escritores como Judge Lindsey que proclamam a verdade difamam os jovens, apesar de estes não terem consciência de estarem sendo difamados.

É natural que uma situação como essa seja bastante instável. Não se sabe o que acontecerá primeiro: ou os velhos tomarão consciência da verdade e começarão a agir para privar o jovem da liberdade recém-conquistada, ou os jovens, tornando-se adultos, assumirão eles próprios posições respeitáveis e importantes, o que permitirá que a nova moral seja aprovada pela autoridade. É de se supor que alguns países experimentem essa saída, e alguns, outra. Na Itália, onde a imoralidade, como tudo mais, é uma prerrogativa do governo, está se fazendo um esforço enorme para implantar a "virtude". Exatamente o contrário acontece na Rússia, uma vez que o governo está do lado da nova moral. Nas regiões protestantes da Alemanha pode-se esperar que a liberdade saia vitoriosa, enquanto nas regiões católicas o resultado é muito mais duvidoso. É muito pouco provável que a França se liberte de sua venerável tradição em que certas formas de imoralidade indubitavelmente toleradas não devem ser ultrapassadas. Não me atrevo a profetizar o que acontecerá na Inglaterra e nos Estados Unidos.

De todo modo, façamos uma pequena pausa para examinar as implicações lógicas da pretensão de que as mulheres devam ser iguais aos homens. Desde os tempos de outrora se permitiu que os homens se entregassem — na prática, ainda que não em teoria — às relações sexuais ilícitas. Não se espera que o homem chegue virgem ao casamento, e, mesmo depois de casado, suas infidelidades não são encaradas seriamente, desde que não sejam do conhecimento da esposa e dos vizinhos. Esse esquema só tem sido possível por causa da prostituição. Ainda que seja

*Casamento e moral*

difícil para um contemporâneo defender essa instituição, poucas pessoas chegariam ao ponto de sugerir que as mulheres adquiram os mesmos direitos dos homens por meio da instituição de uma categoria de prostitutos que satisfaçam aquelas que desejarem, como seus maridos, parecerem virtuosas sem o sê-lo. É bastante evidente, contudo, que, numa época em que as pessoas se casam mais tarde, somente um pequeno percentual de homens irá manter a castidade até ter condições de montar uma família com uma mulher de sua própria classe. E, se os homens solteiros não vão se manter castos, as mulheres solteiras, em razão da igualdade de direitos, vão reivindicar que elas também não precisam fazê-lo. Não há dúvida de que, para o moralista, trata-se de uma situação deplorável. Todo moralista tradicional que se dê ao trabalho de refletir bem sobre isso irá perceber que, na prática, ele estará comprometido com o que se chama "dois pesos e duas medidas", ou seja, a visão de que a virtude sexual é mais indispensável na mulher que no homem. É aceitável argumentar que, em teoria, sua ética exige que os homens também mantenham a castidade. Diante disso ele replicará, evidentemente, que é impossível fazer que os homens cumpram essa exigência, já que para eles é fácil pecar escondido. Desse modo, o moralista tradicional se vê comprometido, contra sua vontade, não apenas com uma desigualdade entre homens e mulheres, mas também com a visão de que é melhor que o jovem mantenha relações sexuais com as prostitutas que com as jovens de sua própria classe, apesar do fato de que, com estas últimas, embora não com as primeiras, suas relações não sejam interesseiras e possam ser afetuosas e inteiramente prazerosas. É claro que os moralistas não pensam nas consequências de se defender uma moral que eles sabem que não será obedecida; eles acham que,

*Bertrand Russell*

desde que não defendam a prostituição, não são responsáveis pelo fato de que ela seja o resultado inevitável de sua doutrina. No entanto, isso não passa de mais um exemplo notório de que o moralista profissional de hoje é um homem que tem uma inteligência abaixo da média.

Em vista dessas circunstâncias, é evidente que, uma vez que um grande número de homens considera que não é possível se casar cedo por razões econômicas, enquanto um grande número de mulheres simplesmente não consegue se casar, a igualdade entre homens e mulheres exija um afrouxamento dos padrões tradicionais da virtude feminina. Caso se tolere que os homens mantenham relações sexuais antes do casamento (como de fato se tolera), também se deve tolerar que as mulheres façam o mesmo. Além disso, em todos os países em que existe um excesso de mulheres é uma injustiça evidente que aquelas que, por uma inexorabilidade aritmética, têm de ficar solteiras sejam completamente excluídas da experiência sexual. Embora as pioneiras do movimento feminista certamente não tivessem tais consequências em vista, suas atuais seguidoras as percebem claramente, e quem quer que se oponha a essas conclusões deve encarar o fato de que não defende a justiça para o sexo feminino.

A questão do confronto entre a nova e a velha moral levanta um problema bastante específico. Se não exigirmos mais que as jovens sejam castas nem as esposas fiéis, será preciso encontrar novos métodos de proteção da família ou, então, concordar com sua dissolução. Pode-se sugerir que a geração de filhos deva ocorrer dentro do casamento, e que todas as relações sexuais extraconjugais se tornem estéreis por meio do uso de contraceptivos. Nesse caso, os maridos precisarão aprender a ser tão tolerantes com os amantes como os orientais são com

*Casamento e moral*

os eunucos. Até agora, a dificuldade desse método é que ele exige que depositemos uma confiança maior na eficácia dos contraceptivos e na fidelidade das esposas do que parece razoável; no entanto, essa complexidade pode diminuir com o tempo. A outra alternativa compatível com a nova moral é o declínio da paternidade como uma instituição social importante e a transferência dos deveres do pai para o Estado. Nos casos específicos em que estivesse convencido de ser o pai e gostasse muito do filho, o homem poderia, é claro, assumir de maneira voluntária aquilo que os pais fazem por meio do suporte financeiro à mãe e à criança; mas ele não seria legalmente obrigado a agir assim. Na verdade, todas as crianças se encontrariam na situação em que os filhos ilegítimos de pais desconhecidos se encontram hoje, salvo que o Estado, encarando isso como norma, preocupar-se-ia mais com a criação delas do que se preocupa hoje.

Por outro lado, se a velha moral for restabelecida, algumas coisas são fundamentais; embora algumas delas já tenham sido feitas, a experiência mostra que, sozinhas, elas não são eficazes. A primeira coisa fundamental é que a educação das moças deve ser feita de modo a torná-las estúpidas, supersticiosas e ignorantes; as escolas que sofrem algum tipo de controle da Igreja já atendem a essa exigência. Outra exigência é censurar rigorosamente todos os livros que tragam informação sobre temática sexual; essa condição também já começa a ser atendida na Inglaterra e nos Estados Unidos, uma vez que, sem que tenha havido mudança na lei, a censura está ficando mais rigorosa por meio do aumento do zelo policial. Essas condições, contudo, uma vez que já existem, são claramente insuficientes. A única coisa que irá atender às necessidades será eliminar qualquer possibilidade que as jovens tenham de ficar a sós com os homens: elas devem ser proibidas de ganhar a vida trabalhando fora de casa; nunca devem sair, a não ser acompanhadas pela mãe ou pela tia; a prática deplorável de frequentar bailes sem uma dama de companhia deve ser radicalmente suprimida. Deve ser ilegal a mulher solteira com menos de 50 anos de idade ter carro, e talvez seja aconselhável submeter mensalmente todas as mulheres solteiras a um exame médico feito pelos médicos da polícia, mandando para a prisão todas as que não forem virgens. O uso de contraceptivos, naturalmente, deve ser erradicado, e nas conversas com mulheres solteiras deve ser proibido pôr em dúvida o dogma da maldição eterna. Caso sejam executadas rigorosamente durante cem anos ou mais, talvez essas medidas façam algo para conter a crescente maré de imoralidade. Creio, porém, que para evitar a ocorrência de certos abusos, seria necessário que todos os policiais e todos os médicos fossem castrados. Tendo em vista a perversão inata da natureza masculina, talvez fosse aconselhável ir mais além com essa política. Inclino-me a pensar que os moralistas fariam bem em defender que, com exceção dos ministros religiosos,[1] todos os homens devem ser castrados.

Veremos que existem dificuldades e objeções qualquer que seja o caminho escolhido. Se permitirmos que a nova moral siga seu rumo, ela certamente chegará mais longe do que o fez, mas suscitará dificuldades dificilmente imaginadas até agora. Por outro lado, se tentarmos pôr em prática no mundo atual restrições que eram possíveis no passado, seremos levados a adotar regras rigorosas insuportáveis contra as quais a natureza humana logo se revoltaria. Isso é tão evidente que, sejam quais forem

---

1  Depois que li *Elmer Gantry*, comecei a achar que até mesmo essa exceção talvez não seja muito sensata.

*Casamento e moral*

os perigos ou dificuldades, devemos nos contentar em permitir que o mundo avance em vez de retroceder. Para alcançar esse objetivo, precisaremos de uma moral genuinamente nova. Quero dizer com isso que obrigações e deveres ainda terão de ser reconhecidos, embora possam ser muito diferentes das obrigações e deveres reconhecidos no passado. Enquanto se contentarem em defender o retorno a um sistema que está tão morto como o dodô, os moralistas não poderão fazer absolutamente nada para moralizar a nova liberdade ou para chamar a atenção para os novos deveres que ela traz consigo. Embora não acredite que o novo sistema, não mais que o velho, deva implicar uma submissão descontrolada aos impulsos, creio que as ocasiões para reprimir os impulsos e os motivos para fazê-lo terão de ser diferentes do que foram no passado. Na verdade, é preciso repensar inteiramente o problema da moral sexual. As páginas que se seguem pretendem contribuir, ainda que humildemente, com essa tarefa.

# 8.
## *O tabu a respeito da educação sexual*

Na tentativa de construir uma nova moral sexual, a primeira pergunta que devemos nos fazer não é como as relações entre os sexos devem ser reguladas, e sim: é desejável que homens, mulheres e crianças sejam mantidos numa ignorância artificial a respeito dos fatos relacionados aos temas sexuais? Antes de mais nada, o motivo para formular essa pergunta é que, como tentarei convencer o leitor neste capítulo, a ignorância sobre esses assuntos é extremamente prejudicial para o indivíduo, e, portanto, nenhum sistema cuja perpetuação exija tal ignorância pode ser desejável. Eu diria que a moral sexual deve ser de tal ordem que se autorrecomende às pessoas bem informadas e que não dependa da ignorância para ser atraente. Isso faz parte de uma doutrina mais ampla que, embora nunca tenha sido defendida nem por governos nem por policiais, parece incontestável à luz da razão. Essa doutrina diz que a conduta correta nunca pode ser estimulada, salvo algum acidente raro, pela ignorância nem obstruída pelo conhecimento. É verdade, naturalmente, que se A deseja que B aja de uma determinada maneira que é do interesse de A, mas não do de B, pode ser conveniente

73

a A manter B em ignorância dos fatos que mostrariam a B onde se encontram seus verdadeiros interesses. Embora essa verdade seja bem compreendida na Bolsa de Valores, geralmente não se considera que ela pertença às altas esferas da ética. Ela inclui grande parte da atividade governamental de ocultação dos fatos — por exemplo, o desejo que todo governo sente de evitar qualquer menção a uma derrota na guerra, pois seu conhecimento pode levar à queda do governo, a qual, embora costume ser do interesse da nação, não é, naturalmente, do interesse do governo. Mesmo que pertença a uma esfera diferente, a reserva acerca dos fatos sexuais teve origem, ao menos em parte, num motivo semelhante. Inicialmente, apenas as mulheres deveriam ser mantidas na ignorância, e se desejava mantê-las na ignorância para ajudar a dominação masculina. Não obstante, pouco a pouco as mulheres se sujeitaram à visão de que a ignorância é essencial para a virtude, e, em parte por meio de sua influência, passou-se a acreditar que as crianças e os jovens, tanto do sexo masculino como do feminino, deveriam ignorar ao máximo os assuntos relacionados ao sexo. Nessa fase, o motivo deixou de ser a dominação e passou para o terreno do tabu irracional. Nunca se examina a questão de saber se a ignorância é desejável, sendo até mesmo proibido trazer provas que demonstrem que, de fato, ela é prejudicial. Posso aproveitar, como se fosse um texto de minha autoria sobre o assunto, o excerto reproduzido a seguir do *Manchester Guardian* de 25 de abril de 1929:

Liberais norte-americanos estão chocados com o resultado do julgamento da sra. Mary Ware Dennett, que, ontem, foi considerada culpada por um júri federal do Brooklyn de enviar literatura obscena pelo correio. A sra. Dennett é autora de um folheto muito

## Casamento e moral

elogiado e utilizado que transmite para as crianças, em linguagem respeitosa, as verdades elementares do sexo. Ela está sujeita a uma possível sentença de cinco anos de prisão ou a uma multa de 1 milhão de libras, ou ambas.

Conhecida assistente social, a sra. Dennett é mãe de dois filhos adultos, tendo escrito o folheto há onze anos para educá-los. Publicado primeiramente numa revista médica, foi republicado em forma de folheto a pedido do editor. Ele conta com o endosso dos principais médicos, sacerdotes e sociólogos, e milhares de cópias foram distribuídas pela Associação Cristã de Moços e pela Associação Cristã de Moças. Ele foi até mesmo utilizado no sistema municipal de ensino de Bronxville, um subúrbio elegante de Nova York.

O juiz federal Warren B. Burrows, da Nova Inglaterra, que presidiu o julgamento, desconsiderou todos os fatos precedentes, recusando-se a autorizar que qualquer um dos eminentes educadores e médicos que esperavam para testemunhar depusessem ou a permitir que o júri ouvisse os endossos de autores de destaque à obra da sra. Dennett. O julgamento praticamente consistiu na leitura do folheto em voz alta para um júri composto por homens idosos casados do Brooklyn, os quais tinham sido escolhidos por nunca terem lido nenhuma obra de H. L. Mencken ou de Havelock Ellis, um teste aplicado pelo advogado de acusação.

Parece evidente que o *New York World* tem razão quando diz que, se não se permite a circulação da obra da sra. Dennett, então não há esperança de formular uma exposição franca e sincera dos fatos sexuais para os jovens norte-americanos. O caso será objeto de recurso a um tribunal superior, cuja decisão será esperada com o maior interesse.

Por acaso esse exemplo é americano, mas poderia muito bem ter sido inglês, já que a lei inglesa é praticamente igual à americana. O que se percebe é que a lei não permite que uma pessoa que transmita informação sexual para os jovens apresente o testemunho de especialistas que demonstrem que a educação sexual da juventude é desejável. Percebe-se também que, quando acontece um processo desse tipo, a acusação tem plena liberdade de insistir que o júri seja composto inteiramente por homens ignorantes que não leram nada que lhes permita fazer um julgamento racional do caso. A lei declara secamente que as crianças e os jovens não devem conhecer os fatos relacionados ao sexo, e que saber se é proveitoso ou prejudicial que eles conheçam essas verdades é totalmente irrelevante. Apesar disso, já que *nós* não estamos num tribunal, e já que essa obra não se dirige às crianças, podemos nos permitir discutir a questão de saber se a prática tradicional de manter as crianças formalmente na ignorância é desejável ou não.

O método tradicional de lidar com as crianças era mantê-las no maior grau de ignorância que os pais e professores pudessem conseguir. Elas nunca viam os pais nus e, após uma idade muito tenra (desde que houvesse espaço suficiente na casa) elas não viam os irmãos ou irmãs do sexo oposto nus. Ouviam que nunca deveriam tocar nos órgãos sexuais nem falar sobre eles; todas as perguntas relacionadas ao sexo recebiam como resposta um "quieto, quieto!" num tom escandalizado. Contavam que os bebês eram trazidos pela cegonha ou desenterrados de trás de um pé de repolho. Mais cedo ou mais tarde elas aprendiam a verdade, em geral de uma forma mais ou menos deturpada, com outras crianças, que a contavam escondido, e, como consequência do que os pais haviam ensinado, a consideravam "suja". As

Casamento e moral

crianças deduziam que os pais tinham um relacionamento indecente entre si do qual eles próprios se envergonhavam, já que faziam de tudo para escondê-lo. Descobriam também que haviam sido sistematicamente enganadas por aqueles a quem haviam recorrido em busca de orientação e de esclarecimento. Desse modo, sua atitude com relação aos pais, ao casamento e ao sexo oposto ficava irremediavelmente comprometida. Dos homens ou mulheres que tiveram uma formação conservadora, poucos foram os que aprenderam a ter uma relação saudável com o sexo e o casamento. Sua cultura lhes ensinou que a falsidade e a mentira são consideradas virtudes pelos pais e pelos professores; que as relações sexuais, mesmo no casamento, são mais ou menos repulsivas, e que, ao propagar a espécie, os homens cedem a sua natureza animal enquanto as mulheres se submetem a uma penosa obrigação. Essa atitude fez que o casamento se tornasse insatisfatório tanto para os homens como para as mulheres, e a falta de satisfação dos instintos converteu-se em crueldade disfarçada de decência.

Creio que o ponto de vista do moralista ortodoxo[1] sobre o assunto da educação sexual pode ser razoavelmente exposto assim:

O impulso sexual é muito poderoso, revelando-se de formas diversas nas diferentes etapas do crescimento. Na infância ele assume a forma do desejo de tocar determinadas partes do corpo e de brincar com elas; no final da infância ele assume a forma da curiosidade e do prazer em falar coisas "sujas", enquanto na adolescência ele começa a assumir formas mais maduras. Não

---

1 Embora isso inclua a polícia e os magistrados, dificilmente incluirá qualquer educador contemporâneo.

há dúvida de que o que estimula o comportamento sexual inadequado são os pensamentos relacionados ao sexo, e que o melhor caminho para a virtude é manter a mente e o corpo do jovem ocupados com assuntos totalmente alheios ao sexo. Portanto, não devemos lhes dizer absolutamente nada sobre o sexo; devemos evitar ao máximo que eles conversem entre si sobre isso, e os adultos devem fingir que tal assunto não existe. É possível, desse modo, manter a menina na ignorância até a noite de núpcias, quando se espera que a realidade irá horrorizá-la tanto que produzirá exatamente a atitude com relação ao sexo que todo moralista sensato considera desejável nas mulheres. Com os meninos a questão é mais difícil, já que não se pode esperar que eles sejam mantidos em total ignorância depois dos dezoito ou dezenove anos, no máximo. Com eles o método adequado é dizer que a masturbação leva invariavelmente à loucura, enquanto as relações sexuais com prostitutas levam invariavelmente às doenças venéreas. Embora nenhuma dessas afirmações seja verdadeira, elas são mentiras inocentes, já que feitas no interesse da moralidade. Também se deve ensinar ao menino que não é permitido conversar sobre temas sexuais em nenhuma circunstância, nem mesmo depois de casado. Isso aumenta a probabilidade de que, quando se casar, ele transmita à esposa a aversão ao sexo, preservando-a do risco de adultério. O sexo fora do casamento é pecado; quanto ao sexo dentro do casamento — embora não seja pecado, já que indispensável para a propagação da espécie humana —, é uma obrigação desagradável imposta ao homem como castigo pela Queda, devendo ser encarado com o mesmo espírito com que nos submetemos a uma cirurgia. Infelizmente, a menos que nos esforcemos bastante, o ato sexual tende a ser associado ao prazer; contudo, isso pode ser evitado — pelo

*Casamento e moral*

menos na mulher – por meio de uma vigilância moral adequada. É considerado ilegal na Inglaterra afirmar numa publicação barata que a esposa pode e deve sentir prazer na relação sexual. Eu mesmo ouvi falar de um folheto que foi condenado como obsceno num tribunal por esse motivo, entre outros. É nesse ponto de vista com relação ao sexo que se baseia a postura da Igreja, da lei e dos professores antiquados dos jovens.

Antes de examinar o efeito dessa postura no âmbito sexual, gostaria de dizer algumas palavras acerca das consequências em outras áreas. Em minha opinião, a consequência principal e mais grave é bloquear a curiosidade científica dos jovens. Crianças inteligentes desejam conhecer tudo que existe no mundo; elas fazem perguntas sobre trens, automóveis e aviões, sobre como a chuva é feita e sobre como são feitos os bebês. Para a criança, todas essas curiosidades se encontram exatamente no mesmo nível; ela segue simplesmente o que Pavlov chama de reflexo do "Que é isso?", que é a fonte de todo conhecimento científico. Quando a criança que está em busca do desejo de aprender descobre que, voltado para determinadas áreas, esse desejo é considerado pecaminoso, o impulso da curiosidade científica é totalmente reprimido. Ela não entende, num primeiro momento, que tipos de curiosidade são permitidos e que tipos não são: se é pecaminoso perguntar como são feitos os bebês, pode ser que, até onde a criança é capaz de perceber, também seja pecaminoso perguntar como são feitos os aviões. Seja como for, ela é levada a concluir que a curiosidade científica é um impulso perigoso do qual não se pode perder o controle. Antes de procurar conhecer algo, devemos investigar cuidadosamente se se trata de um tipo de conhecimento virtuoso ou depravado. Além disso, como geralmente a curiosidade sexual é muito forte antes de se tornar atrofiada, a criança é levada a concluir que o conhecimento que ela deseja é pecaminoso, ao passo que o único conhecimento virtuoso é aquele que nenhum ser humano poderia jamais desejar – por exemplo, o conhecimento da tabuada. Desse modo, a busca do conhecimento, um dos impulsos espontâneos de todas as crianças saudáveis, é destruída, tornando as crianças artificialmente estúpidas. Como não creio que se possa negar que as mulheres são, em média, mais estúpidas que os homens, acredito que isso se deva em grande medida ao fato de, durante a juventude, elas serem impedidas mais eficazmente de buscar o conhecimento sexual.

Além do prejuízo intelectual, existe, na maioria dos casos, um prejuízo moral extremamente grave. Como Freud revelou de modo pioneiro, e como todos que convivem com crianças não demoram a perceber, as histórias da cegonha e do pé de repolho geralmente não são dignas de crédito. Desse modo, a criança chega à conclusão de que os pais têm a tendência de mentir para ela. Se mentem sobre um assunto, podem mentir sobre outro, destruindo-se assim sua autoridade moral e intelectual. Além do mais, uma vez que os pais mentem quando se trata de sexo, as crianças concluem que eles também podem mentir a respeito desses assuntos. Elas conversam entre si sobre eles e, muito provavelmente, se masturbam escondido. Desse modo, elas acabam adquirindo o costume de enganar e de dissimular, enquanto, devido às ameaças dos pais, o medo passa a tomar conta de suas vidas. A psicanálise já demonstrou que as ameaças dos pais e das governantas no que se refere às consequências prejudiciais da masturbação são uma causa extremamente frequente dos distúrbios neurológicos, não apenas na infância, mas também na vida adulta.

*Casamento e moral*

Portanto, os efeitos da abordagem tradicional do sexo no trato com os jovens tornam as pessoas estúpidas, hipócritas e medrosas, levando um percentual não desprezível ao limite da loucura ou algo semelhante. Em certa medida, esses fatos são reconhecidos hoje por todas as pessoas inteligentes que têm de lidar com os jovens; apesar disso, a lei e aqueles que a executam ainda não tomaram conhecimento deles, como deixa claro o exemplo citado no início do capítulo. Desse modo, a situação hoje é a seguinte: toda pessoa bem informada que tem de lidar com crianças se vê obrigada a escolher entre desrespeitar a lei ou provocar um dano moral e intelectual irreparável às crianças que se encontram sob sua responsabilidade. Como a maioria dos homens idosos é tão pervertida que seu prazer sexual depende da crença de que o sexo é pecaminoso e indecente, fica difícil mudar a lei. Receio que não podemos esperar qualquer reforma antes que aqueles que hoje são velhos ou de meia-idade tenham morrido.

Até aqui examinamos as consequências nocivas dos métodos convencionais fora da esfera sexual; chegou a hora de examinar os aspectos mais claramente sexuais do problema. Não há dúvida de que um dos objetivos do moralista é evitar a obsessão com temas sexuais; no momento, tal obsessão é bastante frequente. Um ex-diretor de Eton afirmou há pouco tempo que as conversas dos alunos são quase sempre grosseiras ou obscenas, ainda que os alunos que ele conhecia tenham sido criados de acordo com os princípios mais conservadores. O fato de se ter criado um mistério em torno do sexo aumenta imensamente a curiosidade natural dos jovens a respeito do assunto. Se os adultos tratam o sexo da mesma maneira que tratam qualquer outro assunto, dando respostas a todas as perguntas das crianças e passando apenas o volume de informação que elas desejam ou são capazes de compreender, a criança nunca chega ao conceito de obscenidade, pois ele depende da crença de que determinados assuntos não devem ser mencionados. Como todo tipo de curiosidade, a curiosidade sexual diminui quando é satisfeita. Por essa razão, para evitar que os jovens fiquem obcecados com sexo, a melhor maneira, de longe, é dizer-lhes exatamente o que estão interessados em saber.

Ao dizer isso, não estou argumentando *a priori*, mas baseado na experiência. O que tenho observado entre as crianças de minha escola demonstra de maneira conclusiva, em minha opinião, que é correto o ponto de vista de que a maldade das crianças é consequência do puritanismo dos adultos. Meus dois filhos (um menino de 7 anos e uma menina de 5) nunca aprenderam que existe algo de extraordinário no sexo ou na excreção, tendo sido protegidos ao máximo, até agora, da compreensão da noção de decência, e de seu correlato, a indecência. Eles demonstraram um interesse natural e saudável na questão da origem dos bebês, mas não maior que o da origem das máquinas e das ferrovias. Eles também não demonstraram nenhuma tendência de insistir nesses assuntos na ausência ou na presença dos adultos. Com relação às outras crianças da escola, percebemos que, se chegavam com 2 ou 3 anos de idade, ou até mesmo 4, elas se desenvolviam exatamente como nossos filhos; no entanto, as que chegavam com 6 ou 7 anos de idade já tinham aprendido a encarar qualquer coisa ligada aos órgãos sexuais como imprópria. Elas ficavam surpresas ao descobrir que na escola tais assuntos eram ventilados no mesmo tom de voz empregado para falar de qualquer outro assunto, e, durante um certo tempo, sentiam um certo alívio durante as conversas que elas consideravam

*Casamento e moral*

indecentes. No entanto, quando percebiam que os adultos não faziam nada para controlar essas conversas, as crianças iam se cansando pouco a pouco delas, tornando-se quase tão ingênuas como aquelas que não tinham tido aulas de boas maneiras. Hoje elas ficam entediadas quando crianças recém-chegadas à escola tentam iniciar conversas que, tolamente, acreditam ser inconvenientes. Desse modo, a exposição do tema à luz do dia fez que ele se descontaminasse, dispersando os germes nocivos que ele produz quando mantido na escuridão. Não acredito que exista outro método para convencer um grupo de crianças cuja atitude com relação a assuntos em geral considerados inadequados é tão salutar e apropriada.

Creio que existe um aspecto da questão que não foi suficientemente compreendido por aqueles que querem resgatar o sexo da depravação com que ele tem sido envolvido pelos moralistas cristãos. Por natureza, o tema do sexo tem sido relacionado aos processos excretórios, e enquanto esses processos forem encarados com repugnância, é psicologicamente natural associar parte dessa repugnância ao sexo. Portanto, ao lidar com crianças é indispensável não ser melindroso demais no que diz respeito aos processos excretórios. Embora seja preciso, naturalmente, tomar certas precauções por motivos de higiene, assim que as crianças sejam capazes de compreender devemos explicar que o motivo dessas precauções é unicamente higiênico e que não existe nada intrinsecamente repugnante nas funções naturais em questão.

Não estou discutindo neste capítulo qual deve ser a conduta sexual, mas somente qual deve ser nossa postura na questão da educação sexual. Naquilo que foi dito até aqui quanto à divulgação da educação sexual para os jovens, devo, e espero e acredito, ter contado com a compreensão de todos os educadores contemporâneos esclarecidos. Passo agora, no entanto, a tratar de um tema mais controvertido, no qual receio que terei mais dificuldade para assegurar a compreensão do leitor. Esse tema é conhecido como literatura obscena.

Na Inglaterra e nos Estados Unidos a lei declara que, em determinadas circunstâncias, a literatura considerada obscena pode ser destruída pelas autoridades, e o autor e o editor podem ser punidos. Na Inglaterra, a lei que regula essa intervenção é a Lei Lorde Campbell de 1857. Essa lei determina que:

> Se, após uma denúncia, houver alguma razão para acreditar que quaisquer livros obscenos etc. são mantidos numa casa ou em outro lugar com o objetivo de serem vendidos ou distribuídos, e após se comprovar que um ou mais desses artigos foi vendido ou distribuído em conexão com tal lugar, a justiça pode, após ter sido convencida de que tais artigos possuem uma natureza e uma descrição tais que sua publicação constituiria uma transgressão e que seria apropriado que fosse processada como tal, ordenar por meio de um mandado especial que tais artigos sejam apreendidos e, após intimar o ocupante da casa, os mesmos juízes, ou outros, podem, caso estejam convencidos de que os artigos apreendidos são da natureza declarada no mandado e têm sido mantidos para o propósito supracitado, ordenar que sejam destruídos.[2]

O termo "obsceno" que aparece nessa lei não possui nenhuma definição legal precisa. Na prática, a publicação é legalmente

---

2 Ver a excelente argumentação apresentada por Desmond MacCarthy em "Obscenity and the Law", *Life and Letters*, maio 1929.

*Casamento e moral*

obscena se o magistrado considerá-la como tal, sendo que ele não é obrigado a ouvir qualquer testemunho de especialistas que demonstrem que, nesse caso específico, a publicação do assunto que, caso contrário, poderia ser considerado obsceno, atende a um objetivo benéfico. Isso quer dizer que qualquer pessoa que escreva um romance, um tratado sociológico ou uma sugestão para aperfeiçoar a lei que trata de matéria sexual está sujeita a ter sua obra destruída caso algum velho ignorante considere sua leitura desagradável. As consequências dessa lei são extremamente prejudiciais. Como é sabido, o primeiro volume de *Studies in the Psychology of Sex* [Estudos da psicologia sexual], de Havelock Ellis, foi condenado de acordo com essa lei, embora, felizmente, nesse caso os Estados Unidos tenham se mostrado mais liberais.[3] Além de não acreditar que alguém possa insinuar que Havelock Ellis tivesse um propósito licencioso, parece muito improvável que uma obra volumosa, erudita e séria como essa tenha sido lida por pessoas que quisessem apenas se excitar com obscenidades. É impossível, naturalmente, tratar desse assunto sem discutir questões que o magistrado comum não mencionaria diante da esposa ou dos filhos; no entanto, proibir a publicação do livro é o mesmo que dizer que os estudantes sofisticados não têm permissão para conhecer a verdade nessa área. Suponho que, de um ponto de vista conservador, o aspecto mais censurável da obra de Havelock Ellis seja a compilação de prontuários clínicos que revelam o extraordinário fracasso dos métodos atuais na geração de virtude ou de saúde mental. Tais documentos fornecem dados para que se faça uma avaliação racional dos

---

3 Devido ao processo que foi feito contra o primeiro volume, os volumes seguintes não foram publicados na Inglaterra.

85

métodos atuais de educação sexual; a lei declara que não temos permissão para analisar esses dados e que as avaliações nessa área devem continuar se baseando na ignorância.

A condenação de *Well of Loneliness* [O poço da solidão] trouxe à baila outro aspecto da censura, a saber: qualquer abordagem fictícia da homossexualidade é proibida. Embora pesquisadores da Europa continental – onde a lei é menos obscurantista – tenham adquirido um grande volume de conhecimento sobre a homossexualidade, não se permite que esse conhecimento seja difundido na Inglaterra, seja em forma erudita ou em forma de ficção criativa. Embora a homossexualidade feminina não seja ilegal na Inglaterra, a masculina é, e nesse aspecto seria muito difícil apresentar qualquer argumento em defesa da mudança da lei que não fosse, ele próprio, ilegal em razão da obscenidade. E, no entanto, todos que se deram ao trabalho de estudar o assunto sabem que essa lei é resultado de uma superstição bárbara e ignorante, em cuja defesa nenhum tipo ou espécie de argumentação racional pode ser aventada. Considerações semelhantes aplicam-se ao incesto; embora não tenham transcorrido muitos anos da aprovação de uma nova lei que criminaliza determinadas formas de incesto, de acordo com a Lei Lorde Campbell era e continua sendo proibido expor argumentos favoráveis ou contrários a essa lei, a menos que tais argumentos sejam construídos de maneira tão abstrata e tão cuidadosa que percam inteiramente a força.

Outra consequência interessante da Lei Lorde Campbell é que, embora muitos assuntos possam ser analisados por meio de longos termos técnicos que apenas pessoas extremamente cultas entendem, eles não podem ser divulgados numa linguagem que o povo compreenda. Admite-se, com uma certa cautela, que se escreva a palavra *coito*, mas não se admite o emprego

## Casamento e moral

do sinônimo dissílabo dessa palavra [*foda*]. Isso foi decidido recentemente no caso de *Sleeveless Errand* [Missão infrutífera]. Por vezes a proibição da linguagem simples tem consequências sérias; por exemplo, o folheto da sra. Sanger sobre controle de natalidade, que é dirigido às operárias, foi considerado obsceno porque as operárias podiam compreendê-lo. Por outro lado, os livros da dra. Marie Stope não são proibidos porque sua linguagem só pode ser compreendida por pessoas com um certo nível educacional. O resultado é que, enquanto é permitido ensinar o controle de natalidade às pessoas abastadas, é criminoso ensiná-lo aos assalariados e a suas esposas. Recomendo que a Sociedade de Eugenia atente para essa realidade, ela que não se cansa de lamentar o fato de os assalariados se reproduzirem com mais rapidez que a classe média, enquanto se abstém de qualquer tentativa de modificar a lei que está na origem desse fato.

Embora concordem que as consequências da lei contra as publicações obscenas são deploráveis, muitas pessoas defendem, apesar disso, que ela é indispensável. Pessoalmente não acredito que seja possível projetar uma lei contra a obscenidade que não tenha essas consequências desagradáveis, e, em vista disso, defendo que não exista nenhuma lei sobre o assunto. O argumento em defesa dessa tese compõe-se de duas partes: de um lado, que nenhuma lei consegue proibir o que é ruim sem proibir também o que é bom; de outro, que as publicações indubitável e francamente pornográficas causariam muito pouco dano se a educação sexual fosse razoável.

Quanto à primeira parte da tese, ela está mais que demonstrada pelo histórico do uso que tem sido feito da Lei Lorde Campbell na Inglaterra. Como qualquer um pode descobrir lendo os debates sobre ela, a Lei Lorde Campbell visava unicamente à eliminação da pornografia, acreditando-se, à época, que ela havia sido elaborada de modo a não poder ser usada contra outros tipos de literatura. Essa crença, contudo, baseava-se na avaliação insuficiente da inteligência dos policiais e da estupidez dos magistrados. O tema da censura foi admiravelmente tratado, como um todo, num livro de autoria de Morris Ernst e William Seagle.[4] Eles abordam tanto a experiência britânica como a norte-americana e, de modo mais sucinto, o que tem sido feito em outros lugares. Especialmente no caso da censura teatral inglesa, a experiência mostra que peças superficiais calculadas para despertar a luxúria passam sem dificuldade pelo censor, que não quer ser considerado puritano, enquanto peças sérias que levantam questões importantes como *Mrs. Warren's Profession* [A profissão da sra. Warren] levam anos para passar pelo censor; além disso, uma peça de mérito poético transcendental como *The Cenci* [Os Cenci], embora não contenha uma única palavra que pudesse despertar a luxúria nem mesmo em Santo Antônio, precisou de cem anos para superar a repugnância que provocou no peito varonil de lorde Chamberlain. Portanto, baseando-nos numa grande quantidade de indícios históricos, podemos afirmar que a censura será usada contra obras de significativo mérito artístico ou científico, enquanto as pessoas cujo objetivo nada mais é que obsceno sempre encontrarão uma forma de se esgueirar por entre os meandros da lei.

Existe, no entanto, uma outra razão para ser contra a censura. É que mesmo a pornografia mais explícita seria menos prejudicial se fosse franca e escancarada do que quando é transformada em algo interessante por meio do segredo e do sigilo. Apesar da

---

4  Ernst; Seagle, *To the Pure.*

*Casamento e moral*

lei, quase todo homem razoavelmente abastado viu, na adolescência, fotografias indecentes, e sentiu orgulho em possuí-las porque elas eram difíceis de obter. Homens conservadores são da opinião de que tais coisas são bastante prejudiciais para os outros, embora dificilmente um deles admita que elas foram prejudiciais para ele. Não há dúvida de que elas provocam uma sensação de lascívia, mas em qualquer homem sexualmente ativo tais sensações serão estimuladas de um modo ou de outro. A frequência com que um homem sente desejo sexual depende de sua própria condição física, ao passo que as ocasiões que despertam nele tais sensações dependem das convenções sociais às quais ele está habituado. Para um homem do início da era vitoriana o tornozelo de uma mulher já representava um estímulo suficiente, enquanto o homem moderno permanece indiferente a tudo que não vá além da coxa. É apenas uma questão de moda. Se a nudez estivesse na moda, ela deixaria de nos excitar e, como acontece em certas tribos selvagens, as mulheres seriam obrigadas a se vestir para se tornarem sexualmente atraentes. As mesmas considerações se aplicam à literatura e às imagens: o que era excitante na era vitoriana deixaria os homens de uma época mais aberta bem indiferentes. Como os mais pudicos limitam o grau admissível de apelo sexual, é preciso tornar tal apelo eficaz com o mínimo possível. Noventa por cento do apelo da pornografia se deve à sensação de obscenidade relacionada ao sexo que os moralistas inculcam nos jovens; os outros dez por cento são fisiológicos, e irão acontecer de um modo ou de outro, qualquer que seja a lei. Baseado nisso, e embora receando que poucos irão concordar comigo, estou firmemente convencido de que não deve existir nenhum tipo de lei relacionado ao tema das publicações obscenas.

O tabu contra a nudez é um obstáculo a uma postura adequada com relação ao assunto do sexo. No que diz respeito às crianças, isso já é reconhecido por um grande número de pessoas. É bom que as crianças vejam outras crianças e os pais nus sempre que isso acontecer com naturalidade. Há um curto período, provavelmente por volta dos 3 anos de idade, em que o menino demonstra interesse pelas diferenças entre o pai e a mãe, comparando-as com as diferenças entre ele próprio e a irmã; no entanto, esse período não dura muito, e depois ele passa a ter tanto interesse na nudez como em andar vestido. Na medida em que os pais não estejam dispostos a ficar nus na frente dos filhos, é inevitável que eles fiquem com a sensação de que existe algo de misterioso, tornando-se, assim, puritanos e obscenos. A única forma de evitar a obscenidade é evitar o mistério.

Existem também muitos motivos importantes, do ponto de vista da saúde, que favorecem a nudez em circunstâncias adequadas, tais como em espaços abertos nos dias de sol. Tomar sol sem roupa tem um efeito extraordinariamente saudável. Além disso, quem já viu uma criança correndo ao ar livre sem roupa deve ter ficado espantado com o fato de que ela se sustenta muito melhor e se movimenta com muito mais liberdade e graça que quando está vestida. O mesmo vale para os adultos. O lugar adequado para se ficar nu é ao ar livre, quando faz sol, e na água. Se nossas convenções permitissem, isso logo deixaria de produzir qualquer apelo sexual; todos ficaríamos melhor, seríamos mais saudáveis em razão do contato do ar e do sol com a pele, e nosso padrões de beleza estariam mais próximos dos padrões de saúde, uma vez que estariam relacionados ao corpo e à sua postura, não somente ao rosto. Desse ponto de vista, os costumes dos gregos são dignos de elogio.

# 9.
## O lugar do amor na vida humana

Curiosamente, a atitude da maioria das sociedades com relação ao amor apresenta duas faces: por um lado, ele é o principal tema da poesia, dos romances e das peças; por outro, ele é ignorado por completo pela maioria dos sociólogos sérios, não sendo considerado como uma necessidade nos modelos de reforma econômica ou política. Não creio que tal atitude seja justificável. Encaro o amor como uma das coisas mais importantes da vida humana, e considero que qualquer sistema que interfira desnecessariamente com seu livre desenvolvimento é ruim.

O amor, quando a palavra é empregada da maneira correta, não denota toda e qualquer relação entre os sexos, mas apenas aquela que implica um sentimento sólido e uma relação tanto psicológica quanto física. Ele pode alcançar os níveis mais elevados de intensidade. Tais sentimentos, como os expressos em *Tristão e Isolda*, são compatíveis com a experiência de uma infinidade de homens e mulheres. A capacidade de dar expressão artística ao sentimento do amor é rara, mas o sentimento em si, pelo menos na Europa, não é. É muito mais comum em algumas sociedades que em outras, e creio que isso não depende do povo em questão, mas de suas convenções e instituições. Ele é raro na China, aparecendo na história como uma característica de imperadores perversos que são enganados por concubinas maldosas: a cultura tradicional chinesa desaprovava todos os sentimentos fortes, considerando que o homem deve preservar, em todas as circunstâncias, o império da razão. Nisso ela se parecia com o início do século XVIII. Nós, que viemos depois do movimento romântico, da Revolução Francesa e da Grande Guerra, estamos conscientes de que a participação da razão na vida humana não é tão predominante como se esperava durante o reinado da rainha Ana. Ademais, a própria razão se tornou traidora ao criar a doutrina da psicanálise. As três principais atividades não racionais da vida moderna são a religião, a guerra e o amor; embora todas elas não sejam racionais, o amor não é antirracional, ou seja, um homem racional pode, racionalmente, alegrar-se com sua existência. Devido aos motivos que examinamos nos capítulos iniciais, existe no mundo moderno um certo antagonismo entre religião e amor. Não creio que esse antagonismo seja inevitável; ele se deve apenas ao fato de que a religião cristã, à diferença de algumas outras, tem sua origem no ascetismo.

No mundo moderno, contudo, o amor tem outro inimigo mais poderoso que a religião: o dogma do trabalho e do sucesso econômico. Geralmente se considera, em especial nos Estados Unidos, que o homem não deve permitir que o amor interfira em sua carreira, e que, se permite, é porque é tolo. Porém, nesta como em todas as outras questões humanas, é preciso manter o equilíbrio. Seria uma tolice, embora em alguns casos possa ser tragicamente heroico, sacrificar totalmente a carreira em nome do amor. Porém, também é uma tolice — e de modo algum heroico — sacrificar totalmente o amor em nome da carreira. Não

*Casamento e moral*

obstante, isso acontece, e é inevitável que aconteça numa sociedade cuja organização se baseia na competição generalizada pelo dinheiro. Considerem a vida de um típico homem de negócios contemporâneo, em especial dos Estados Unidos: desde o momento em que se tornou adulto ele dedica suas melhores ideias e o melhor de sua energia ao sucesso financeiro; tudo o mais é, simplesmente, passatempo sem importância. Durante a juventude ele satisfaz suas necessidades físicas de vez em quando com prostitutas. Depois se casa; porém, como seus interesses são completamente diferentes dos da esposa, nunca chega a alcançar uma verdadeira intimidade com ela. Ele chega tarde e cansado do escritório; acorda de manhã antes da esposa; passa o domingo jogando golfe, porque o exercício é necessário para mantê-lo em forma para que possa ganhar dinheiro. Os interesses da esposa lhe parecem essencialmente femininos, e, embora os aprove, não faz nenhum esforço para participar deles. Não dispõe de tempo para amores ilícitos, do mesmo modo que não dispõe de tempo para o amor matrimonial, embora possa, é claro, às vezes procurar uma prostituta quando está em viagem de negócios. É provável que a esposa permaneça sexualmente fria com relação a ele, o que não é de admirar, já que ele nunca tem tempo para cortejá-la. Embora não saiba por quê, inconscientemente ele está insatisfeito. Descarrega sua insatisfação sobretudo no trabalho, mas também em outras formas menos defensáveis como, por exemplo, no prazer sádico derivado das lutas de boxe ou da perseguição aos radicais. Sua esposa, também insatisfeita, encontra uma válvula de escape na cultura de baixo nível e na defesa da virtude por meio da destruição de todos aqueles que têm uma vida digna e livre. Desse modo, a insatisfação sexual tanto do marido como da esposa transforma-se em ódio da humanidade disfarçado de espírito público e de elevado padrão moral. Essa situação adversa se deve, em grande medida, a uma concepção errada de nossas necessidades sexuais. Aparentemente, Paulo pensava que a única coisa indispensável do casamento era a possibilidade de se manter relações sexuais, e essa visão tem sido estimulada, como regra, pelos ensinamentos dos moralistas cristãos. A aversão que eles sentiam pelo sexo impediu que enxergassem todos os aspectos admiráveis da vida sexual, e a consequência disso foi que todos aqueles que foram submetidos a seus ensinamentos na juventude passam a vida ignorando o que têm de melhor. O amor é muito mais que o desejo de ter relações sexuais; é a principal forma de escapar da solidão que aflige a maioria dos homens e mulheres durante a maior parte da vida. A maioria das pessoas tem um medo profundamente arraigado da indiferença do mundo e da crueldade potencial das multidões; existe um desejo ardente de carinho que, nos homens, muitas vezes se esconde por trás da violência, da grosseria ou de um comportamento intimidante, e, nas mulheres, do queixume e da repreensão. O amor apaixonado correspondido, enquanto dura, acaba com esse sentimento; ele põe abaixo as sólidas paredes do ego, produzindo um novo ser composto de dois em um. A natureza não criou os seres humanos para que permaneçam sozinhos, já que só podem cumprir seu propósito biológico com a ajuda do outro; e as pessoas civilizadas não podem satisfazer por completo seu instinto sexual sem o amor. O instinto não é inteiramente satisfeito a menos que a pessoa, em sua totalidade — tanto mental como física —, participe da relação. Aqueles que nunca conheceram a intimidade profunda e o companheirismo sincero que o amor correspondido traz perderam a melhor coisa que a vida tem a oferecer; de forma inconsciente, quando não conscientemente,

*Casamento e moral*

eles sentem isso, e o desapontamento resultante faz que eles se inclinem para a inveja, a opressão e a crueldade. Por conseguinte, colocar o amor apaixonado em seu devido lugar deve ser um motivo de preocupação dos sociólogos, já que, se deixarem escapar essa experiência, homens e mulheres não conseguirão alcançar um desenvolvimento pleno, e não conseguirão sentir pelo resto do mundo aquela espécie de afeto generoso sem o qual suas atividades sociais certamente serão prejudiciais.

Em condições apropriadas, quase todos os homens e mulheres vão se sentir apaixonados em algum momento da vida. No entanto, quem é inexperiente tem uma grande dificuldade de diferenciar a paixão de uma simples atração; em especial no caso das moças de família, que aprenderam que era impossível gostar de beijar um homem a menos que o amassem. Se se espera que uma jovem case virgem, muitas vezes ela se deixará enganar por uma atração sexual passageira e superficial, algo que uma mulher com experiência sexual conseguiria facilmente diferenciar do amor. Não há dúvida de que isso tem sido uma causa frequente de casamentos infelizes. Mesmo quando existe, o amor correspondido pode ser envenenado porque um dos parceiros acredita que ele é pecaminoso. Essa crença, é óbvio, pode ser bem fundamentada. Por exemplo, não há dúvida de que Parnell tenha pecado ao cometer adultério, uma vez que, em razão disso, ele adiou as expectativas da Irlanda por muitos anos. Porém, mesmo quando infundado, o sentimento de pecado pode envenenar do mesmo jeito o amor. Se queremos que o amor traga todos os benefícios de que é capaz, ele deve ser livre, generoso, ilimitado e sincero.

A sensação de pecado que uma educação tradicional vincula ao amor, mesmo ao amor dentro do casamento, atua em geral de maneira inconsciente tanto nos homens como nas mulheres, e tanto naqueles que têm opiniões independentes como naqueles que apoiam as antigas tradições. Essa postura tem inúmeras consequências: ela geralmente torna os homens brutos, desajeitados e insensíveis ao fazer amor, já que eles não conseguem falar sobre o ato sexual e, portanto, não conseguem identificar o que a mulher está sentindo – nem são capazes de dar a devida importância às abordagens graduais que precedem a consumação do ato, fundamentais para o prazer da maioria das mulheres. Na verdade, eles geralmente não compreendem que a mulher deve sentir prazer, e que, se ela não sente, a culpa é deles. Nas mulheres que receberam uma educação tradicional existe na maioria das vezes um certo orgulho em ser frígida, uma grande repressão do corpo e uma relutância em permitir a intimidade física natural. O galanteador habilidoso talvez consiga superar essa timidez, mas o homem que a respeita e admira como sinal da mulher virtuosa provavelmente não irá superá-la. O resultado disso é que, mesmo após muitos anos de casamento, as relações entre marido e mulher continuam tensas e mais ou menos formais. No tempo de nossos avós, o marido nunca esperava ver a esposa nua, e esta teria ficado horrorizada diante de tal sugestão. Essa postura é ainda mais comum do que se pensa, e mesmo entre aqueles que superaram essa questão ainda resta muitas vezes uma boa dose da antiga repressão.

Outro obstáculo psicológico para o pleno desenvolvimento do amor no mundo moderno é o medo que muitas pessoas sentem de não conseguir preservar sua individualidade intacta. Trata-se de um medo tolo e relativamente recente. A individualidade não é um fim em si mesmo; é algo que deve entrar em contato fértil com o mundo e, ao fazê-lo, deve perder sua unicidade.

*Casamento e moral*

A individualidade que é mantida numa redoma definha, enquanto a que é usada livremente nos contatos humanos se enriquece. Amor, filhos e trabalho são as grandes fontes de contato fecundo entre o indivíduo e o resto do mundo. Destes, o amor normalmente é o primeiro em ordem cronológica. Além do mais, ele é fundamental para o bom desenvolvimento do amor parental, já que o filho tende a reproduzir as características do pai e da mãe, e, se eles não se amam, cada um só irá apreciar suas próprias características quando elas se revelarem nos filhos, sentindo--se mortificado ao perceber as características do outro genitor. Nem sempre o trabalho consegue pôr o homem em contato fecundo com o mundo exterior; tudo depende do entusiasmo com que ele é encarado. O trabalho cuja única motivação é o dinheiro não tem esse valor; isso só acontece com aquele que encarna algum tipo de dedicação, seja a pessoas, a coisas ou simplesmente a um ideal. E o próprio amor não vale nada quando é simplesmente possessivo; nesse caso, ele se encontra no mesmo nível do trabalho que é feito simplesmente por dinheiro. Para ter o tipo de valor a que estamos nos referindo, o amor deve sentir que o ego da pessoa amada é tão importante quanto o próprio ego, e deve compreender os sentimentos e desejos do outro como se eles fossem os seus. Ou seja, deve haver uma ampliação instintiva, e não apenas consciente, do sentimento egocêntrico de modo a também incluir o outro. Tudo isso ficou difícil por causa de nossa belicosa sociedade competitiva e pelo ridículo culto da personalidade, decorrente em parte do protestantismo e em parte do movimento romântico.

Entre as pessoas emancipadas de hoje, o amor no sentido sério com que nos preocupamos está correndo um novo risco. Quando as pessoas não detectam mais a existência de qualquer impedimento moral contra a relação sexual em qualquer oportunidade, quando até mesmo um impulso superficial conduz a ela, elas adquirem o hábito de dissociar o sexo de um sentimento importante e dos sentimentos de amor, podendo até vir a associá-lo a sentimentos de ódio. O melhor exemplo desse tipo de coisa são os romances de Aldous Huxley. Assim como o apóstolo Paulo, seus personagens encaram a relação sexual como uma simples descarga fisiológica; eles parecem desconhecer os valores supremos aos quais podemos associá-la. Com essa postura, estamos a um passo de restabelecer o ascetismo. O amor tem seus próprios ideais peculiares e seus próprios padrões morais intrínsecos. Eles não se revelam nem na doutrina cristã nem na revolta indiscriminada contra toda ética sexual que brotou entre setores importantes da geração mais jovem. Sem o amor, a relação sexual é incapaz de trazer qualquer satisfação profunda aos instintos. Não estou dizendo que ela jamais deva ocorrer, pois, para assegurar isso, seria preciso estabelecer barreiras tão rígidas que acabariam também por dificultar bastante o amor. O que estou dizendo é que a relação sexual sem amor tem pouca importância, devendo ser considerada principalmente como uma experiência que visa ao amor.

Como vimos, as exigências do amor a um lugar de reconhecimento na vida humana são muito importantes. Mas o amor é uma força caótica que, deixada livre, não respeita nenhum limite estabelecido pela lei ou pelos costumes. Desde que não haja filhos, isso pode não ter muita importância. Porém, tão logo chegam os filhos passamos para um outro cenário, no qual o amor deixa de ser autônomo e passa a servir aos objetivos biológicos da espécie. É preciso haver uma ética social ligada aos filhos que possa, onde houver conflito, superar as exigências do

*Casamento e moral*

amor apaixonado. No entanto, uma ética criteriosa irá minimizar ao máximo esse conflito, não apenas porque o amor é bom em si mesmo, mas também porque, quando os pais se amam, ele é um alimento para os filhos. Um dos principais objetivos de uma ética social criteriosa deve ser garantir o mínimo de interferência com o amor que seja compatível com os interesses dos filhos. Entretanto, esse tema não pode ser discutido antes de havermos examinado a família.

# 10.

# *Casamento*

Neste capítulo, proponho discutir o casamento sem fazer referência aos filhos, apenas como uma relação entre homens e mulheres. Naturalmente, o casamento se diferencia de outras relações sexuais pelo fato de ser uma instituição legal. Na maioria dos países ele também é uma instituição religiosa, mas é o aspecto legal que é fundamental. A instituição legal só expressa uma prática que existe não apenas entre os homens primitivos, mas entre os macacos e vários outros animais. Os animais praticam o que é virtualmente um casamento, sempre que é necessária a cooperação do macho para a criação dos filhotes. Como regra, os casamentos entre os animais são monogâmicos, e, segundo algumas autoridades no assunto, isso acontece em especial entre os macacos antropoides. A crer nessas autoridades, parece que esses animais afortunados não se deparam com os problemas que perturbam as comunidades humanas, já que, uma vez casado, o macho deixa de sentir atração por qualquer outra fêmea, e a fêmea, uma vez casada, deixa de ser atraente para qualquer outro macho. Portanto, embora não contem com o auxílio da religião, os macacos antropoides desconhecem o

*Bertrand Russell*

pecado, já que basta o instinto para criar virtude. Existem alguns indícios de que entre as tribos selvagens mais primitivas ocorre uma situação semelhante. Dizem que os bosquímanos são rigorosamente monogâmicos, e fui informado de que os tasmanianos (hoje extintos) eram sempre fiéis a suas esposas. Mesmo na porção civilizada da humanidade podemos observar às vezes traços tênues do instinto monogâmico. Considerando a influência do costume sobre o comportamento, talvez seja surpreendente que o controle do instinto pela monogamia não seja mais forte do que é. De qualquer modo, esse é um exemplo da peculiaridade mental dos seres humanos, da qual brotam tanto suas imperfeições como sua inteligência, a saber, a força da imaginação para romper com os costumes e introduzir novas linhas de conduta.

Parece provável que o fim da monogamia primitiva tenha começado com a interferência da motivação econômica. Essa motivação, tenha ou não qualquer influência no comportamento sexual, é invariavelmente desastrosa, já que substitui as relações baseadas no instinto por relações de escravidão ou de compra. Nas antigas sociedades agrícolas e pastoris, tanto as esposas como as crianças representavam um ativo econômico para o homem. As esposas trabalhavam para ele, e as crianças, após os 5 ou 6 anos de idade, começavam a ser úteis no campo ou no trato dos animais. Em consequência, o objetivo dos homens mais poderosos era ter a maior quantidade possível de esposas. Raras vezes a poligamia pode ser a prática geral da sociedade, já que, como regra, não existe um grande excedente de mulheres; ela é a prerrogativa dos dirigentes e dos homens ricos. Uma grande quantidade de esposas e de filhos constitui uma propriedade valiosa, acentuando, portanto, a posição já privilegiada de seus

*Casamento e moral*

proprietários. Assim, a função principal da esposa vem a ser a de um lucrativo animal doméstico, e sua função sexual se torna secundária. Nesse estágio civilizatório geralmente é fácil para o homem se divorciar da esposa, embora, nesse caso, ele tenha de devolver à família dela qualquer dote que ela tenha trazido. No entanto, em geral é impossível que a esposa consiga se divorciar do marido. A atitude da maioria das sociedades semicivilizadas com relação ao adultério está de acordo com esse ponto de vista. Num nível civilizatório bastante baixo, o adultério é às vezes tolerado. Dizem que os samoanos, quando têm de partir em viagem, esperam tranquilamente que suas esposas procurem outro homem para se consolar em razão de sua ausência.[1] No entanto, num nível ligeiramente superior, o adultério feminino é punido com a morte ou, pelo menos, com castigos rigorosos. Quando eu era jovem, o relato que Mungo Park fez de Mumbo Jumbo costumava ser muito conhecido; nos últimos anos, porém, tive o desprazer de descobrir que intelectuais norte-americanos aludiam a Mumbo Jumbo como se ele fosse um rei do Congo. Na verdade, ele não era nem rei nem estava ligado ao Congo. Tratava-se de um suposto demônio que os homens que habitavam o Alto Níger tinham inventado para aterrorizar as mulheres que haviam pecado. Desse modo, o relato de Mungo Park sugere inevitavelmente uma visão voltairiana das origens da religião que tende a ser discretamente omitida pelos antropólogos contemporâneos, incapazes de tolerar a intromissão de uma patifaria racional no comportamento dos selvagens. O homem que tinha relações sexuais com a esposa de outro homem também era,

---

1 Mead, *Coming of Age in Samoa*, p.104ss.

naturalmente, um criminoso; mas o homem que tinha relações sexuais com uma mulher solteira não incorria em nenhuma culpa, a menos que isso a desvalorizasse no mercado do casamento. Com a chegada do cristianismo, essa visão mudou. O elemento religioso do casamento ganhou uma enorme projeção, e as violações da legislação matrimonial passaram a ser denunciadas com base no tabu e não na propriedade. Naturalmente, ter relações sexuais com a esposa de outro homem continuava sendo uma ofensa a esse homem; porém, ter qualquer relação sexual fora do casamento era uma ofensa a Deus, e, na visão da Igreja, isso era um assunto muito mais sério. Pela mesma razão, o divórcio, que anteriormente era permitido aos homens sem maiores dificuldades, passou a ser considerado inadmissível. O casamento se tornou um sacramento e, dali em diante, para a vida toda.

Isso foi um ganho ou uma perda para a felicidade humana? É muito difícil dizer. A vida das camponesas casadas sempre foi muito difícil, e, no geral, tem sido mais difícil entre os camponeses menos civilizados. Na maioria dos povos bárbaros, com 25 anos a mulher já está velha, e, nessa idade, já perdeu a esperança de conservar qualquer traço de beleza. A visão da mulher como um animal doméstico foi, sem dúvida, bastante agradável para o homem; para as mulheres, porém, isso significou apenas uma vida de trabalho pesado e de sofrimento. Embora sob certos aspectos o cristianismo tenha piorado a situação da mulher, sobretudo nas classes abastadas, ele ao menos reconheceu sua igualdade teológica com os homens, recusando-se a considerá-las como propriedade absoluta dos maridos. Naturalmente, a mulher casada não tinha o direito de abandonar o marido por outro homem; porém, ela podia deixá-lo para abraçar a vida

*Casamento e moral*

religiosa. E, no geral, o avanço na direção de uma condição melhor para as mulheres foi mais fácil, no grosso da população, da perspectiva cristão que da perspectiva pré-cristã.

Quando olhamos para o mundo que nos rodeia e nos perguntamos que condições parecem, no geral, contribuir para a felicidade matrimonial e que condições parecem contribuir para a infelicidade matrimonial, chegamos a uma conclusão até certo ponto curiosa: aparentemente, os povos mais civilizados se tornam os menos capazes de alcançar a felicidade vitalícia com um único parceiro. Quem tem a obrigação de conhecer os camponeses irlandeses dizia que eles levavam, no geral, uma vida conjugal feliz e virtuosa, embora até recentemente os casamentos fossem decididos pelos pais. Em termos gerais, o casamento é mais fácil quando as pessoas têm menos diferenças. Quando um homem se diferencia pouco dos outros homens e uma mulher se diferencia pouco das outras mulheres, não existe nenhum motivo especial para se lamentar por não ter se casado com outra pessoa. Contudo, as pessoas com inclinações, atividades e interesses variados tendem a desejar que seus parceiros tenham as mesmas preferências que elas, e se sentem insatisfeitas quando descobrem que receberam menos do que poderiam ter conseguido. Como tende a encarar o casamento unicamente do ponto de vista da reprodução, a Igreja não vê razão para que um parceiro seja menos adequado que outro, e, por conseguinte, é capaz de defender a indissolubilidade do casamento sem se dar conta do sofrimento que isso muitas vezes implica.

Outra condição que contribui para a felicidade matrimonial é a escassez de mulheres disponíveis e a falta de reuniões sociais em que os homens casados possam conhecer mulheres respeitáveis. Se não existe nenhuma possibilidade de ter relações sexuais com qualquer mulher que não a própria esposa, a maioria dos homens procurará tirar o máximo da situação, e, exceto em circunstâncias bastante desfavoráveis, a considerará relativamente suportável. O mesmo acontece com as esposas, em especial se elas nunca imaginaram que o casamento poderia trazer muita felicidade. Ou seja, é provável que o que se chama de casamento feliz seja aquele em que nenhuma das partes jamais esperou obter muita felicidade dele.

Pela mesma razão, a rigidez das convenções sociais tende a impedir o que se chama de casamento infeliz. Se se admite que os laços do casamento são definitivos e irrevogáveis, a imaginação não se sente estimulada a se soltar e a pensar que uma felicidade mais extática poderia ter sido possível. A fim de assegurar a tranquilidade doméstica onde existir esse estado de espírito, basta que o marido e a mulher não desçam excessivamente abaixo do padrão respeitável de comportamento aceito na maioria das vezes, seja ele qual for.

Como nos países civilizados modernos não existe nenhuma das condições favoráveis àquilo que se chama de felicidade, constata-se, em consequência, que poucos casamentos continuam felizes passados os primeiros cinco anos. Algumas das causas da infelicidade estão estreitamente ligadas à civilização; outras, porém, desapareceriam se os homens e as mulheres fossem mais civilizados. Comecemos com estas últimas. A mais importante delas é a desastrosa educação sexual, algo muito mais comum entre os ricos do que jamais será entre os camponeses. As crianças camponesas se acostumam logo cedo com as funções fisiológicas ligadas ao sexo e à reprodução, que elas podem observar não somente entre os seres humanos como também entre os animais. Desse modo, elas são salvas tanto da ignorância como do

*Casamento e moral*

excesso de escrúpulos. Já com os filhos dos ricos, que recebem uma educação esmerada, acontece o contrário: eles são protegidos de qualquer conhecimento prático sobre as questões sexuais, e mesmo os pais mais modernos, que usam livros para ensinar os filhos, não lhes transmitem o senso de familiaridade prática que a criança camponesa adquire cedo. O triunfo da doutrina cristã acontece quando um homem e uma mulher se casam sem que nenhum deles tenha experiência sexual. Na grande parte dos casos em que isso acontece, os resultados são desastrosos. Como o comportamento sexual entre os seres humanos não é algo instintivo, o noivo e a noiva inexperientes, que provavelmente não têm consciência desse fato, se sentem dominados pela vergonha e pelo nervosismo. A situação é um pouco melhor quando apenas a mulher é ingênua, mas o homem adquiriu conhecimento com as prostitutas. A maioria dos homens não percebe que é necessário cortejar a mulher após o casamento, e muitas mulheres bem-criadas não percebem o quanto elas prejudicam o casamento mantendo-se reservadas e fisicamente distantes. Tudo isso poderia ser resolvido por meio de uma educação sexual mais adequada, e, na verdade, a situação está muito melhor para a geração que é jovem hoje do que estava no tempo de seus pais e avós. Havia uma crença generalizada entre as mulheres de que elas eram moralmente superiores aos homens em razão de sentirem menos prazer sexual. Essa postura tornou impossível a existência de um companheirismo sincero entre maridos e esposas. É claro que essa postura era, em si mesma, bastante injustificável, já que a incapacidade de sentir prazer no sexo, longe de ser uma virtude, é uma simples deficiência fisiológica ou psicológica, como a incapacidade de sentir prazer com a comida, algo que, há centenas de anos, também se esperava das mulheres elegantes.

Entretanto, existem hoje outras causas de infelicidade matrimonial que não são tão fáceis de superar. Creio que pessoas civilizadas desinibidas, tanto homens como mulheres, em geral são instintivamente polígamas. Elas podem se apaixonar e ficar absorvidas por uma pessoa durante alguns anos; mais cedo ou mais tarde, porém, a intimidade apaga o fogo da paixão, e aí elas começam a procurar em outro lugar pelo renascimento da antiga chama. É possível, naturalmente, controlar esse impulso em benefício da moral, mas é muito difícil impedir que ele exista. Com o aumento da liberdade feminina, a oportunidade de ser infiel no casamento ficou muito maior que antigamente. A oportunidade leva à intenção, a intenção ao desejo e, não havendo escrúpulos religiosos, o desejo leva à ação.

A emancipação feminina tornou o casamento mais difícil sob vários aspectos. Antigamente, a esposa tinha de se adaptar ao marido, mas o marido não tinha de se adaptar à esposa. Hoje em dia, em razão do direito da mulher à própria individualidade e à própria carreira, muitas esposas só estão dispostas a se adaptar ao maridos até certo ponto, enquanto os homens que ainda sonham com a antiga tradição da dominação masculina não veem motivo para serem os responsáveis por toda a adaptação. Esse problema surge especialmente no que diz respeito à infidelidade. Antigamente, o marido às vezes era infiel; entretanto, sua esposa geralmente não ficava sabendo. Caso ficasse sabendo, ele confessava que havia pecado e fazia que ela acreditasse que estava arrependido. Ela, por outro lado, comumente era casta. Se não o fosse, e o fato chegasse ao conhecimento do marido, o casamento acabava. Nos casos em que não se exige fidelidade recíproca, como acontece hoje em inúmeros casamentos, ainda assim o sentimento de ciúme sobrevive, mostrando-se muitas

*Casamento e moral*

vezes fatal para a continuidade de qualquer intimidade profundamente arraigada, mesmo quando não existem disputas evidentes entre os cônjuges.

Existe outra dificuldade que o casamento contemporâneo enfrenta, e que é sentida em especial por aqueles que têm mais consciência do valor do amor. O amor só pode florescer na medida em que é livre e espontâneo; a ideia de que se trata de um dever tende a destruí-lo. Dizer que você tem o dever de amar uma determinada pessoa é a maneira mais certa de levá-lo a odiar essa pessoa. Desse modo, o casamento como uma combinação de amor com vínculos legais fica entre a cruz e a espada. Como diz Shelley:

*Jamais me senti atraído por aquela seita numerosa*
*Que acredita que cada um deve escolher*
*Dentro da multidão uma amante ou amiga,*
*E confiar todo o resto, ainda que sensato e conveniente,*
*Ao frio esquecimento; embora seja este o código*
*Da moral contemporânea, e o caminho batido*
*Que os pobres escravos trilham com seus pés exaustos*
*Seguindo para casa rodeados de mortos*
*Pela larga estrada da vida, e assim,*
*Acorrentados a uma amiga, quiçá uma inimiga ciumenta,*
*Percorrem a mais triste e longa das viagens.*

Não existe nenhuma dúvida de que confinar a mente ao casamento contra todas as investidas amorosas vindas de fora significa tornar-se menos disponível e aberto e, além disso, reduzir as possibilidades de estabelecer relações humanas valiosas. Significa prejudicar algo que, da perspectiva mais idealista, é, em si mesmo, desejável. E, como todo tipo de moral restritiva, ela tende a estimular o que podemos chamar de visão policialesca do conjunto da vida humana – ou seja, a visão que está sempre buscando a oportunidade de proibir algo.

Por todos esses motivos, muitos dos quais estão vinculados a elementos incontestavelmente benéficos, o casamento tornou-se enfadonho, e, para que não se transforme numa barreira à felicidade, ele deve ser concebido de uma forma um pouco diferente. Uma solução geralmente sugerida e, na verdade, experimentada em larga escala nos Estados Unidos, é facilitar o divórcio. Defendo, é claro, como todo ser humano deve fazer, que o divórcio deve ser concedido num número maior de casos que aqueles aceitos pela legislação inglesa; no entanto, não reconheço que o divórcio fácil seja a solução para as dificuldades do casamento. Quando o casal não tem filhos, o divórcio pode ser, muitas vezes, a solução correta, mesmo quando ambas as partes estão fazendo o maior esforço possível para se comportar bem; porém, quando existem filhos, a estabilidade do casamento é, na minha opinião, um assunto de considerável importância. (Retomarei esse tema quando tratar da família.) Penso que quando o casamento é gratificante e ambas as partes são razoáveis e honestas, a expectativa é que ele dure a vida inteira, mas não que exclua outros relacionamentos sexuais. O casamento que começa com um amor apaixonado e que gera filhos desejados e amados deve produzir um vínculo tão profundo entre o homem e a mulher que eles sentirão algo infinitamente precioso na companhia um do outro, mesmo depois que a atração sexual tenha diminuído e mesmo que um deles, ou ambos, sinta atração sexual por outra pessoa. O que tem impedido o amadurecimento do casamento é o ciúme; no entanto, embora seja um sentimento natural, o

*Casamento e moral*

ciúme pode ser controlado se o reconhecermos como algo prejudicial e não o considerarmos a manifestação de uma justa indignação moral. Um companheirismo que existe há tantos anos e que experimentou sentimentos intensos e profundos tem uma riqueza de conteúdo que não poderia estar presente nos primórdios do amor, por mais maravilhosos que eles possam ter sido. E qualquer pessoa que valorize o que o tempo é capaz de fazer para aperfeiçoar os valores não irá jogar fora esse companheirismo por causa de um novo amor.

Portanto, embora seja possível que um homem e uma mulher civilizados possam ter um casamento feliz, para que isso aconteça é preciso satisfazer a uma série de condições. Deve existir um sentimento de total igualdade de ambos os lados; não deve haver nenhuma interferência na liberdade de cada um; deve haver a mais completa intimidade física e intelectual; e deve haver uma certa semelhança no que diz respeito a critérios de valores. (É desastroso, por exemplo, se um só valoriza o dinheiro enquanto o outro só valoriza o trabalho gratificante.) Considerando todas essas condições, acredito que o casamento seja a melhor e mais importante relação que pode existir entre dois seres humanos. Se isso não foi percebido até agora é principalmente porque maridos e esposas se consideram policiais uns dos outros. Para que o casamento realize seu potencial, os maridos e as esposas devem compreender que, independentemente do que diz a lei, eles devem ser livres em sua vida privada.

# 11.
# *Prostituição*

Enquanto a castidade das mulheres respeitáveis for considerada uma questão de grande importância, a instituição do casamento terá de ser complementada por outra que, na verdade, pode ser considerada como parte dela – quero dizer, a instituição da prostituição. Todo mundo conhece a célebre passagem em que Lecky afirma que as prostitutas são as salvaguardas da santidade do lar e da inocência de nossas esposas e filhas. Embora o sentimento seja vitoriano e o modo de expressá-lo seja antiquado, o fato é inegável. Os moralistas denunciaram Lecky porque seu comentário os deixou furiosos e eles não sabiam bem por quê; mas não conseguiram demonstrar que o que ele disse era incorreto. O moralista insiste, naturalmente com uma boa dose de razão, que se os homens seguissem seus ensinamentos não haveria prostituição; no entanto, como ele sabe muito bem que eles não os irão seguir, é irrelevante refletir sobre o que aconteceria se o fizessem.

A necessidade da prostituição deriva do fato de que muitos homens ou são solteiros ou se encontram em viagem, longe das esposas, de que eles não estão dispostos a ficar abstinentes e de que, numa sociedade tradicionalmente virtuosa, eles não encontram mulheres respeitáveis disponíveis. Por conseguinte, a sociedade reserva uma determinada categoria de mulheres para satisfazer às necessidades masculinas que ela tem vergonha de reconhecer, ainda que receie deixá-las inteiramente insatisfeitas. A vantagem da prostituta é que ela não está apenas disponível a qualquer momento, mas que, por não ter outra vida fora da profissão, não tem dificuldade de permanecer oculta, enquanto o homem que esteve com ela pode voltar para a esposa, a família e a Igreja com a respeitabilidade intacta. A pobre mulher, contudo, apesar do papel incontestável desempenhado por ela, e apesar do fato de ela proteger a virtude das esposas e das filhas e a virtude aparente dos oficiais da igreja, é desprezada por todos, considerada como pária e proibida de se reunir com as pessoas, exceto para tratar de negócios. Essa injustiça gritante teve início com a vitória da religião cristã e prossegue até hoje. O verdadeiro crime da prostituta é que ela põe a nu a falsidade das declarações moralistas. Como os pensamentos reprimidos pelo censor freudiano, ela precisa ser banida para o inconsciente. Por essa razão, e por determinação de tais banimentos, ela engendra uma vingança involuntária.

> *Mais que tudo, porém, ouço através das ruas à meia-noite*
> *Como a maldição da jovem prostituta*
> *Sufoca o choro dos recém-nascidos*
> *E destrói com suas pragas o carro fúnebre do casamento*

A prostituição nem sempre foi a coisa desprezada e escondida em que se transformou. Na verdade, sua origem é extremamente nobre. No início a prostituta era uma sacerdotisa dedicada a

*Casamento e moral*

um deus ou a uma deusa, e, quando satisfazia o estrangeiro que estava de passagem, ela estava realizando um ato de adoração. Naquela época ela era tratada com respeito e, embora a usassem, os homens a reverenciavam. Os patriarcas cristãos escreveram páginas e mais páginas criticando o sistema, que, segundo eles, revelava a sensualidade do culto pagão e sua origem nas artimanhas de Satanás. Os templos foram fechados e a prostituição se tornou por toda parte o que já havia se tornado em inúmeros lugares, uma instituição comercial baseada no lucro – naturalmente, não no lucro em prol das prostitutas, e sim daqueles de quem elas eram praticamente escravas, pois até um período bem recente a prostituta independente, que hoje é a regra, era uma exceção rara, e a grande maioria estava em bordéis, casas de banho ou outras instituições de má fama. Na Índia, a transição da prostituição religiosa para a prostituição comercial ainda não se completou inteiramente. Katherine Mayo, a autora de *Mother India* [Mãe Índia], cita a sobrevivência da prostituição religiosa como um dos elementos de sua acusação ao país.

Com exceção da América do Sul,[1] a prostituição parece estar em declínio. Não há dúvida de que isso se deve, em parte, ao fato de que as mulheres dispõem de outros meios de sobrevivência que não existiam antes, e em parte, também, ao fato de que um número muito maior de mulheres estão hoje dispostas a manter relações extraconjugais com os homens, por vontade própria e não por razões econômicas. Apesar disso, não creio que a prostituição possa ser totalmente abolida. Considerem, por exemplo, o caso dos marinheiros quando chegam à terra depois de uma longa viagem. Não se pode esperar que eles tenham a paciência

---

1 Ver Londres, *The Road to Buenos Aires*.

de cortejar mulheres que só se aproximariam deles motivadas pelo carinho. Ou considerem ainda a categoria bastante grande de homens que são infelizes no casamento e que temem suas esposas. Esses homens buscam tranquilidade e relaxamento quando estão longe de casa, e desejam isso de uma forma tão livre de compromissos psicológicos quanto possível. Não obstante, existem motivos importantes para querer reduzir ao mínimo a prostituição. Contra ela podemos levantar três graves objeções: a primeira é o risco à saúde da sociedade; a segunda é o dano psicológico causado às mulheres; e a terceira é o dano psicológico causado aos homens.

O risco à saúde é a mais importante das três. Naturalmente, a principal forma de propagação das doenças venéreas é o contato com as prostitutas. De um ponto de vista médico, as tentativas de lidar com esse problema por meio do registro das prostitutas e da fiscalização do Estado não se mostraram muito auspiciosas. Além disso, essas medidas estão sujeitas a abusos desagradáveis em razão da ascendência que elas dão à polícia sobre as prostitutas e mesmo, às vezes, sobre as mulheres que não pretendem se tornar prostitutas profissionais, mas que se veem involuntariamente incluídas na definição legal. É claro que as doenças venéreas poderiam ser tratadas de uma maneira muito mais eficaz se não fossem encaradas como uma punição justa ao pecado. Embora seja possível tomar medidas preventivas que reduziriam bastante a probabilidade de que elas ocorressem, considera-se indesejável tornar a natureza dessas precauções amplamente conhecida porque tal conhecimento poderia estimular o pecado. Além disso, aqueles que contraem uma doença venérea geralmente adiam o tratamento porque sentem vergonha, já que qualquer doença desse tipo é considerada degradante. Quanto a esse aspecto, não há dúvida de

*Casamento e moral*

que a postura da sociedade melhorou comparada ao que era antes, e, se melhorar ainda mais, podemos obter uma redução bastante significativa das doenças venéreas. Entretanto, é óbvio que, enquanto existir, a prostituição fornecerá um canal de propagação da doença mais perigoso que qualquer outro. Tal como existe hoje, é óbvio que a prostituição representa um tipo desagradável de vida. O próprio risco da doença torna a prostituição uma atividade tão perigosa como trabalhar com alvaiade; além disso, porém, trata-se de uma vida degradante. E além de ser uma vida vazia, ela leva a pessoa a exagerar na bebida. Tem a séria desvantagem de que a prostituta quase sempre é desprezada, e até mesmo seus clientes provavelmente pensam mal dela. É uma vida contrária aos impulsos naturais – quase tão contrária como a vida de uma freira. Por todos esses motivos, a prostituição, tal como existe nos países cristãos, é uma profissão muito repugnante.

No Japão, ao que parece, a questão é bem diferente. A prostituição é reconhecida e respeitada como profissão, sendo até mesmo adotada por insistência dos pais. Além disso, não é um método incomum de conseguir um dote para o casamento. De acordo com alguns especialistas, os japoneses são parcialmente imunes à sífilis. Em consequência, a profissão de prostituta no Japão não tem a sordidez dos lugares em que a moral é mais rígida. Não há dúvida de que, se for inevitável que a prostituição subsista, é melhor que o faça segundo o modelo japonês que segundo o modelo a que estamos acostumados na Europa. É evidente que, quanto mais rígido for o padrão moral do país, mais a vida da prostituta será aviltada.

É provável que o relacionamento com prostitutas, caso se torne regular, tenha um efeito psicológico nocivo no homem.

Ele irá se habituar com a impressão de que não é preciso agradar para ter uma relação sexual. E, caso acate o código moral vigente, também terá a tendência de desprezar toda mulher com quem se relacione sexualmente. A reação desse estado de espírito diante do casamento pode ser desastrosa, tanto quando assume a forma de identificar o casamento com a prostituição como quando assume a forma oposta de diferenciá-lo o mais radicalmente possível dela. Alguns homens não conseguem desejar ter relações sexuais com uma mulher que eles amem e respeitem profundamente. Embora os freudianos atribuam essa reação ao complexo de Édipo, creio que muitas vezes ela também se deve ao desejo de estabelecer a maior distância possível entre essas mulheres e as prostitutas. Sem chegar a tais extremos, muitos homens, sobretudo os antiquados, tratam as esposas com um respeito exagerado, impedindo que elas sintam prazer sexual. É precisamente o mesmo dano que acontece quando o homem, em sua imaginação, identifica a esposa com a prostituta. Isso faz que ele se esqueça de que a relação sexual só deve ocorrer quando ambos a desejam, e que ela deve ser invariavelmente precedida de um período de cortejo. Por conseguinte, ele é ríspido e violento com a esposa, gerando nela uma repulsa muito difícil de erradicar.

A interferência da motivação econômica no sexo sempre é desastrosa, em maior ou menor grau. A relação sexual deve significar um prazer recíproco, e ela só deve ocorrer a partir de um impulso espontâneo de ambas as partes. Quando isso não acontece, tudo que é valioso fica de fora. Usar outra pessoa de maneira tão íntima é faltar com o respeito pelo ser humano enquanto tal, fonte de toda verdadeira moralidade. Para uma pessoa sensível, tal atitude não pode ser, sinceramente, atraente.

*Casamento e moral*

Não obstante, se o ato for consumado em razão do poder absoluto do desejo físico, é provável que ele conduza ao remorso, e, quando o remorso está presente, o homem é incapaz de discernir corretamente os valores. Isso não se aplica apenas à prostituição, mas, quase com a mesma intensidade, também ao casamento. Para as mulheres, o casamento é a forma mais comum de subsistência, e a quantidade de vezes em que a mulher mantém relações sexuais contra a vontade talvez seja maior no casamento que na prostituição. Quando está livre da superstição, a moralidade nas relações sexuais consiste fundamentalmente no respeito pela outra pessoa e na recusa em usar aquela pessoa apenas como um instrumento de gratificação pessoal, sem levar em conta seus desejos. Como a prostituição viola esse princípio, ela continuaria sendo indesejável mesmo se as prostitutas fossem respeitadas e o risco das doenças venéreas fosse eliminado.

Num estudo muito interessante da prostituição, Havelock Ellis apresenta um argumento favorável a ela que não me parece válido. Ele começa analisando a orgia, presente na maioria das civilizações antigas, e que proporciona uma válvula de escape para os impulsos caóticos que, em outros momentos, têm de ser controlados. Segundo ele, a prostituição se desenvolveu a partir da orgia, atendendo, em alguma medida, ao propósito a que a orgia antigamente atendia. Muitos homens, diz ele, não conseguem se satisfazer plenamente dentro das restrições, do decoro e das limitações respeitáveis do casamento tradicional, e ele acredita que esses homens encontram no convívio ocasional com uma prostituta uma válvula de escape menos antissocial que qualquer outra disponível. Entretanto, embora a forma seja mais contemporânea, no fundo seu argumento é igual ao de Lecky. As mulheres que têm uma vida sexual livre estão tão sujeitas aos impulsos analisados por Havelock como os homens, e se a vida sexual das mulheres for liberada, os homens serão capazes de satisfazer esses impulsos sem ter de buscar a companhia de profissionais cuja única motivação é pecuniária. Na verdade, esse é um dos grandes benefícios que se espera da liberação sexual das mulheres. Até onde tenho podido observar, mulheres cujas opiniões e sentimentos a respeito do sexo não estão sujeitos aos antigos tabus conseguem obter e proporcionar uma satisfação muito mais completa no casamento do que era possível na era vitoriana. Em todos os lugares em que a velha moral declinou, também houve um declínio da prostituição. Os jovens que antigamente teriam sido levados às vezes a frequentar prostitutas hoje conseguem manter relações com moças iguais a eles, relações estas que são livres de ambos os lados, que contêm um elemento psicológico tão importante como o elemento físico e que muitas vezes implicam um nível considerável de paixão de ambos os lados. Do ponto de vista de qualquer moral verdadeira, trata-se de um enorme avanço em relação ao antigo modelo. Embora os moralistas o deplorem por ser mais difícil de esconder, ele não é, afinal de contas, o primeiro princípio moral cujos lapsos de virtude não devem chegar aos ouvidos do moralista. Em minha opinião, a nova liberdade que existe entre os jovens só é motivo de alegria, e está produzindo uma geração de homens não violentos e de mulheres sem melindres excessivos. Aqueles que se opõem à nova liberdade deveriam encarar sinceramente o fato de que, na verdade, estão defendendo que a prostituição continue sendo a única válvula de escape contra a pressão de um código intoleravelmente rígido.

# 12.
## Casamento experimental

De acordo com uma ética racional, o casamento sem filhos não conta. Deveria ser fácil dissolver um casamento estéril, pois é apenas por meio dos filhos que as relações sexuais se tornam importantes para a sociedade e merecedoras de atenção por parte de uma instituição legal. Naturalmente, esse não é o ponto de vista da Igreja, a qual, influenciada pelo apóstolo Paulo, ainda considera o casamento mais como uma alternativa à fornicação que um meio para a geração de filhos. Entretanto, nos últimos anos até mesmo os sacerdotes se deram conta de que nem os homens nem as mulheres costumam esperar pelo casamento para ter relações sexuais. No caso dos homens, seus deslizes eram fáceis de perdoar desde que acontecessem com prostitutas e fossem convenientemente mantidos em segredo; contudo, no caso das mulheres que não eram prostitutas profissionais, os moralistas tradicionais acham muito mais difícil tolerar aquilo que eles chamam de imoralidade. Não obstante, após a guerra ocorreu uma grande mudança nos Estados Unidos, na Inglaterra, na Alemanha e na Escandinávia. Um grande número de moças de famílias respeitáveis parou de achar que valia a pena preservar sua "virtude"; além disso, os jovens, em vez de buscar uma válvula de escape com prostitutas, têm mantido casos com moças iguais a eles, que, fossem eles mais ricos, gostariam de desposar. Parece que esse processo avançou mais nos Estados Unidos que na Inglaterra, devido, creio, à Lei Seca e aos automóveis. Por causa da Lei Seca, em toda festa animada tornou-se *de rigueur* todos ficarem mais ou menos bêbados. Devido ao fato de que uma grande porcentagem das moças tinham seu próprio carro, ficou fácil para elas escaparem com o namorado dos olhares dos pais e dos vizinhos. O resultado desse estado de coisas está descrito nos livros de autoria do juiz Lindsey.[1] Os velhos o acusam de ser exagerado, mas os jovens, não. Dentro do que é possível para um viajante ocasional, esforcei-me para testar suas afirmações fazendo perguntas aos jovens. Não achei que eles estivessem inclinados a desmentir nada do que ele disse com relação aos fatos. Em todo o país, parece que uma porcentagem muito grande das moças norte-americanas que depois vêm a se casar, tornando-se da mais alta respeitabilidade, tem experiência sexual, geralmente com vários namorados. E mesmo quando não se chega à consumação do ato sexual, os "amassos" e "pegas" são tantos que o fato de não se chegar ao ato sexual completo só pode ser considerado uma perversão.

Não posso dizer que considero o atual estado de coisas satisfatório. Como ele possui certas características indesejáveis que lhe foram impostas por moralistas tradicionais, não vejo como elas possam desaparecer sem a transformação da moral tradicional. O sexo ilícito é, na verdade, tão inferior àquilo que poderia ser como o álcool ilícito. Não creio que alguém possa negar que

---

1 Lindsey, *The Revolt of Modern Youth*; Lindsey, *Companionate Marriage*.

*Casamento e moral*

aumentou enormemente o alcoolismo entre os jovens, e ainda mais entre as jovens, das classes ricas norte-americanas comparado ao que havia antes da introdução da Lei Seca. Burlar a lei traz, é claro, uma certa excitação e um certo orgulho pela própria esperteza, e enquanto a legislação sobre a bebida está sendo burlada também é natural burlar as convenções sobre o sexo. Nesse caso, também, a sensação de perigo age como um afrodisíaco. O resultado é que as relações sexuais entre os jovens tendem a assumir a forma mais tola possível, e eles participam delas não por causa do amor mas como uma bravata e, às vezes, porque estão bêbados. Assim como a bebida, o sexo tem de ser tomado de forma concentrada e meio desagradável, já que essa é a única forma de escapar da vigilância das autoridades. Relações sexuais como uma atividade digna, racional e sincera da qual a personalidade participa por inteiro não acontecem com muita frequência nos Estados Unidos fora do casamento. Nesse aspecto, os moralistas foram bem-sucedidos. Eles não impediram a fornicação; pelo contrário, ao torná-la excitante, sua oposição conseguiu até torná-la mais popular. Porém, eles conseguiram transformá-la em algo quase tão indesejável como dizem que é, do mesmo modo que conseguiram converter grande parte do álcool consumido em algo tão venenoso como declaram que todo álcool é. Eles obrigaram os jovens a encarar o sexo como algo burocrático, distante do companheirismo diário, de um projeto comum e de qualquer intimidade psicológica. Quanto aos jovens mais tímidos, estes não chegam a manter relações sexuais completas, contentando-se em criar estados prolongados de excitação sexual que não atingem o prazer — o que faz mal para os nervos — e que são calculados para dificultar ou impossibilitar o gozo sexual pleno no futuro. Outra desvantagem do tipo de excitação sexual predominante entre os jovens norte-americanos é que ele acarreta o fracasso profissional ou a perda de sono, já que naturalmente está relacionado às festas que só terminam com o nascer do sol.

Um assunto mais sério, enquanto a moral oficial continuar sendo o que é, é o risco de uma eventual desgraça. Pode acontecer, por azar, que os feitos de um jovem cheguem aos ouvidos de um guardião da moral, que irá proceder, com razão, a uma sádica celebração escandalosa. E, já que é quase impossível que os jovens norte-americanos adquiram um conhecimento razoável dos métodos contraceptivos, é frequente a gravidez não desejada. O modo de tratar essa questão é, em geral, recorrer ao aborto, que é perigoso, doloroso, ilegal e difícil de ser mantido em segredo. A lacuna absoluta entre o comportamento dos jovens e o comportamento dos velhos, que existe de forma bastante disseminada atualmente nos Estados Unidos, tem outra consequência desastrosa, a saber, que muitas vezes é impossível haver uma verdadeira intimidade ou amizade entre pais e filhos, e que os pais são incapazes de ajudar os filhos por meio de conselhos ou de uma atitude compreensiva. Quando se veem diante de uma dificuldade, os jovens não conseguem conversar com os pais sobre ela sem provocar uma reação violenta — talvez um escândalo, certamente uma revolta histérica. Desse modo, a relação entre pais e filhos deixou de ter qualquer utilidade depois que o filho atingiu a adolescência. Como são muito mais civilizados os habitantes das ilhas Trobiand, onde o pai diz para o namorado da filha: "Você dorme com minha filha: pois bem, case com ela".[2]

---

2  Malinowski, *The Sexual Life of Savages in Northwestern Melanesia*, p.73.

*Casamento e moral*

Apesar dos obstáculos que examinamos, existem vantagens significativas na emancipação, ainda que parcial, da juventude norte-americana, em comparação com seus pais. Eles se libertaram do esnobismo, são mais desinibidos e menos dominados pela autoridade que não possui base racional. Penso também que é provável que eles se mostrem menos cruéis, menos brutais e menos violentos que seus pais. Pois uma característica da vida norte-americana tem sido descarregar na violência os impulsos caóticos que não conseguem encontrar uma válvula de escape no sexo. Também podemos esperar que quando a geração que é jovem hoje alcançar a meia-idade, ela não irá se esquecer por completo do comportamento que teve na juventude e será tolerante com as experiências sexuais que hoje raramente são possíveis em razão da necessidade de discrição.

O estado de coisas na Inglaterra é mais ou menos semelhante ao dos Estados Unidos, embora não tão desenvolvido devido à ausência da Lei Seca e à falta de carros. Creio que também existe na Inglaterra, e certamente no continente europeu, uma prática muito menor da excitação sexual sem a gratificação final. E, na Inglaterra, as pessoas respeitáveis, com algumas honrosas exceções, são no geral menos tomadas de fervor persecutório que seus equivalentes norte-americanos. Não obstante, a diferença entre os dois países é apenas de grau.

O juiz Ben B. Lindsey, que durante muitos anos foi responsável pelo tribunal juvenil de Denver — e que dispôs, nessa posição, de oportunidades incomparáveis de apurar os fatos —, sugeriu uma nova instituição, à qual deu o nome de "casamento de companhia". Infelizmente ele perdeu o cargo, pois, quando veio a público que ele o utilizava mais para promover a felicidade dos jovens que para lhes transmitir a consciência do pecado,

*Bertrand Russell*

a Ku Klux Klan e os católicos entraram num acordo para afastá-lo. O casamento de companhia é a proposta de um conservador inteligente. É uma tentativa de introduzir um pouco de estabilidade nas relações sexuais entre os jovens, em lugar da promiscuidade atual. Ele chama a atenção para o fato evidente de que o que impede os jovens de se casarem é a falta de dinheiro, e que o dinheiro é necessário no casamento em parte por causa dos filhos, mas em parte também porque não cabe à mulher ganhar sua própria vida. De acordo com seu ponto de vista, os jovens deveriam poder se envolver num novo tipo de casamento, que seria diferente do casamento habitual em razão de três características. A primeira é que não haveria a intenção de ter filhos no início da relação; portanto, os jovens deveriam receber a mais completa informação disponível sobre controle de natalidade. A segunda é que, não havendo filhos e a esposa não estando grávida, o divórcio deveria ser possível por meio do consentimento mútuo. E a terceira é que, no caso de divórcio, a esposa não teria direito a pensão. Ele sustenta, e penso que está certo, que, se tal instituição fosse transformada em lei, um número bastante significativo de jovens – estudantes universitários, por exemplo – se envolveria em parcerias relativamente estáveis, que implicassem uma vida em comum e que estivessem livres das características dionisíacas de suas atuais relações sexuais. Ele apresenta provas que demonstram que os estudantes jovens que são casados apresentam um melhor desempenho que os solteiros. Na verdade, é óbvio que é mais fácil combinar trabalho e sexo numa relação quase permanente que nas festas confusas e agitadas estimuladas pela bebida. Como não existe nada debaixo do sol que diga que é mais dispendioso dois jovens viverem juntos que separados, os motivos de natureza econômica que hoje levam ao

*Casamento e moral*

adiamento do casamento deixariam de existir. Não tenho a menor dúvida de que, caso tivesse sido incorporado à legislação, o projeto do juiz Lindsey teria uma influência muito benéfica, e que essa influência seria de tal ordem que todos concordariam ter havido um benefício do ponto de vista moral.

Não obstante, suas propostas foram recebidas com um grito de horror por todas as pessoas de meia-idade e pelos jornais de norte a sul dos Estados Unidos. Disseram que ele estava atacando a santidade do lar; disseram que, ao admitir que houvesse casamentos em que os filhos não eram a prioridade imediata, ele estava abrindo as portas para a legalização da luxúria; disseram que ele exagerou demais o predomínio das relações sexuais extraconjugais, que ele estava caluniando a pura mulher norte-americana, e que quase todos os homens de negócio permaneciam alegremente castos até os 30 ou 35 anos de idade. Disseram tudo isso, e tento imaginar que entre aqueles que se manifestaram havia alguns que acreditavam no que estavam dizendo. Embora tenha escutado inúmeras invectivas contra o juiz Lindsey, fiquei com a impressão de que os argumentos considerados decisivos eram dois. Primeiro, que as propostas do juiz Lindsey não seriam aprovadas por Cristo; e, segundo, que elas não seriam aprovadas nem mesmo pelos sacerdotes norte-americanos mais liberais. O segundo argumento pareceu ser mais importante — na verdade, com razão, já que o outro é puramente hipotético e impossível de ser confirmado. Nunca ouvi ninguém apresentar qualquer argumento que sequer pretendesse demonstrar que as propostas do juiz Lindsey reduziriam a felicidade humana. Na verdade, fui obrigado a concluir que essa preocupação é considerada absolutamente sem importância por aqueles que defendem a moral tradicional.

*Bertrand Russell*

De minha parte, embora esteja convencido de que o casamento de companhia representaria um passo na direção certa e faria um bem enorme, não creio que ele seja suficientemente avançado. Penso que todas as relações sexuais que não impliquem filhos devem ser encaradas como um assunto privado, e que se um homem e uma mulher decidem viver juntos sem ter filhos, isso deveria ser algo que só diz respeito a eles. Não considero desejável que nem o homem nem a mulher que não tem experiência sexual se envolva numa relação matrimonial séria com a intenção de ter filhos. Há uma série de evidências que demonstram que a primeira experiência sexual deve acontecer com alguém experiente. O ato sexual entre os seres humanos não é instintivo e, aparentemente, nunca foi desde que deixou de ser executado *a tergo* [por trás]. E, independentemente desse argumento, parece absurdo pedir que as pessoas se envolvam numa relação que pretende durar a vida inteira sem qualquer conhecimento prévio de sua compatibilidade sexual. Isso é algo tão absurdo como impedir um homem de ver a casa que pretende comprar antes de fechar o negócio. Se a função biológica do casamento fosse admitida às claras, o procedimento adequado seria declarar que nenhum casamento deveria ser legalmente indissolúvel até que a esposa ficasse grávida pela primeira vez. Embora hoje o casamento seja considerado nulo se a relação sexual for impossível, os filhos, e não o relacionamento sexual, é que são o verdadeiro propósito do casamento; portanto, só se pode considerá-lo consumado quando existir a expectativa de filhos. Essa visão depende, ao menos em parte, da separação provocada pelos contraceptivos entre a procriação e o simples ato sexual. Eles modificaram completamente a visão do sexo e do casamento, trazendo a necessidade de se fazer distinções que

*Casamento e moral*

antes poderiam ter sido ignoradas. As pessoas podem ficar juntas só por causa do sexo, como acontece na prostituição, ou por um companheirismo que implique um elemento sexual, como no casamento de companhia do juiz Lindsey, ou, por fim, com o propósito de constituir família. Todos esses casos são diferentes, e nenhuma moral que os misture numa coisa só pode ser adequada para as condições atuais.

# 13.
# A família nos dias de hoje

A essa altura, o leitor talvez tenha se esquecido de que nos capítulos 2 e 3 analisamos as famílias matrilineares e patriarcais e sua relação com as visões primitivas da ética sexual. É chegada a hora de retomar a análise da família, que fornece a única base racional para a imposição de limites à liberdade sexual. Chegamos ao final de uma longa digressão sobre sexo e pecado, uma ligação que, embora não tenha sido inventada pelos primeiros cristãos, foi explorada por eles ao máximo, encontrando-se hoje incorporada nos julgamentos morais espontâneos da maioria de nós. Não vou incomodá-los mais com a concepção teológica de que o sexo tem algo de intrinsecamente perverso, que só pode ser eliminado com a combinação entre casamento e vontade de procriar. O tema que vamos examinar agora é o nível de estabilidade das relações sexuais exigido pelos interesses dos filhos. Ou seja, temos de analisar a família como uma causa da estabilidade do casamento. Essa questão não é nada simples. Não há dúvida de que o benefício que a criança obtém por ser membro de uma família depende da alternativa que ela tem: talvez haja instituições para enjeitados tão admiráveis que seriam preferíveis à grande maioria das famílias. Temos de levar em conta, também, se o pai desempenha um papel fundamental na vida familiar, já que é unicamente por causa dele que a virtude feminina tem sido considerada essencial para a família. Temos de examinar o efeito dos sistemas econômicos no aumento ou na diminuição da importância do pai. Temos de nos perguntar se gostaríamos de ver o Estado assumir o lugar do pai ou talvez, até, como Platão sugeriu, tanto do pai como da mãe. E mesmo supondo que decidamos em favor do pai e da mãe como aqueles que, em condições normais, proporcionam o melhor ambiente para o filho, ainda temos de levar em conta os inúmeros casos em que um deles é incapaz de assumir a responsabilidade parental, ou em que os dois são tão incompatíveis que, para atender aos interesses do filho, é melhor que se separem.

Aqueles que se opõem à liberdade sexual por razões de natureza teológica costumam argumentar contra o divórcio dizendo que ele prejudica os interesses dos filhos. No entanto, quando utilizado por aqueles que têm uma visão teológica do mundo, esse argumento não é sincero, como é possível perceber a partir do fato de que tais pessoas não admitem o divórcio nem os contraceptivos, mesmo quando um dos pais é sifilítico e existe a probabilidade de que os filhos também venham a contrair a doença. Exemplos desse tipo mostram que a súplica com voz embargada em defesa dos interesses das criancinhas, quando levada ao extremo, nada mais é que uma desculpa para a crueldade. É preciso considerar toda a questão da relação do casamento com os interesses dos filhos sem preconceito, compreendendo que a resposta não é evidente de imediato. Nessa altura, gostaria de fazer uma pequena recapitulação.

*Casamento e moral*

A família é uma instituição pré-humana que tem como justificativa biológica o fato de que a ajuda do pai durante a gravidez e a amamentação leva à sobrevivência da prole. Contudo, como vimos no caso dos ilhéus de Trobriand, e como podemos deduzir com segurança no caso dos macacos antropoides, essa ajuda, em condições primitivas, não é dada exatamente pelas mesmas razões que estimulam o pai numa sociedade civilizada. O pai primitivo não sabe que o filho possui qualquer ligação biológica com ele; o filho é o fruto da mãe que ele ama. Esse fato ele sabe, já que assistiu ao nascimento da criança, e é esse fato que produz o vínculo instintivo entre ele e a criança. Nessa fase, ele não vê nenhuma importância biológica em proteger a virtude da esposa, embora não há dúvida de que, instintivamente, sentirá ciúme se sua infidelidade lhe for jogada na cara. Nessa fase, ele também não tem nenhum sentimento de propriedade com relação à criança. Ela pertence a sua esposa e ao irmão dela; contudo, sua própria relação com a criança não passa de uma relação afetiva.

No entanto, com o desenvolvimento da inteligência, mais cedo ou mais tarde o homem está fadado a provar o fruto da árvore do conhecimento do bem e do mal. Ele toma consciência de que o filho é fruto de sua semente, e precisa, portanto, ter certeza de que sua esposa é virtuosa. A esposa e o filho tornam-se sua propriedade, e, num determinado nível de desenvolvimento econômico, eles podem representar uma propriedade muito valiosa. Ele recorre à religião, para que ela induza a mulher e os filhos a terem um sentimento de dever para com ele. Isso é especialmente importante no que diz respeito aos filhos, pois, embora ele seja mais forte que eles quando pequenos, virá um tempo em que ele estará decrépito e eles estarão no auge da virilidade. Nessa fase da vida, é de vital importância para sua felicidade que eles o respeitem. O mandamento que trata desse tema foi escrito de maneira propositalmente enganosa. O texto deveria dizer o seguinte: "Honra teu pai e tua mãe, para que se prolonguem os *seus* dias na terra". O pavor do parricídio presente nas antigas civilizações mostra como era grande a tentação de se deixar dominar por ele; pois o crime que não conseguimos nos imaginar capazes de cometer, como por exemplo o canibalismo, não consegue nos inspirar qualquer verdadeiro horror.

Foram as condições econômicas das antigas sociedades pastoris e agrícolas que levaram a família à sua mais completa realização. Como a maioria das pessoas não tinha acesso ao trabalho escravo, a maneira mais fácil de adquirir trabalhadores era produzindo-os. Para assegurar que eles trabalhariam para o pai, era indispensável que a instituição da família fosse santificada por meio da influência da religião e da moral. A primogenitura estendeu pouco a pouco a unidade familiar aos parentes de segundo grau, fortalecendo o poder do chefe da família. A realeza e a aristocracia dependem basicamente dessa ordem de ideias, e até mesmo a divindade, já que Zeus era o pai dos deuses e dos homens.

Até então, o avanço da civilização havia aumentado o poder da família. No entanto, a partir daí teve início um movimento contrário que levou a família no mundo ocidental a se tornar uma mera sombra do que era. Os motivos que ocasionaram o declínio da família foram em parte econômicos e em parte culturais. Em seu desenvolvimento máximo, ela nunca se adequou muito às populações urbanas nem aos povos navegantes. O comércio tem sido, em todas as épocas com exceção da nossa, a principal fonte de cultura, uma vez que ele põe em contato homens com costumes diferentes, libertando-os, desse modo, dos

*Casamento e moral*

preconceitos tribais. Consequentemente, encontramos muito menos submissão à família entre os gregos navegantes que entre seus contemporâneos. Podemos encontrar outros exemplos da influência libertadora do mar em Veneza, na Holanda e na Inglaterra elisabetana. Isso, porém, é irrelevante. O único aspecto que nos interessa é que quando um membro da família partia para uma longa viagem e deixava os demais para trás, ele ficava livre do controle familiar e a família ficava proporcionalmente enfraquecida. O fluxo de populações rurais para as cidades, típico de todos os períodos de avanço civilizatório, teve o mesmo impacto no enfraquecimento da família que o comércio marítimo. Outra influência, talvez até mais importante no que diz respeito às camadas inferiores da sociedade, foi a escravidão. O senhor não respeitava muito as ligações familiares de seus escravos. Ele podia separar os maridos de suas esposas sempre que lhe aprouvesse, e, naturalmente, podia ter relações sexuais com qualquer escrava que lhe agradasse. É verdade que essas influências não enfraqueceram a família aristocrática, que se mantinha estável em razão do desejo de prestígio e prosperidade em meio às rixas — como as de Montecchios e Capuletos que caracterizaram a antiga vida urbana tanto quanto a vida urbana italiana na Baixa Idade Média e no Renascimento. No entanto, a aristocracia perdeu importância durante o primeiro século do Império Romano; e o cristianismo, que acabou saindo vencedor, fora inicialmente uma religião de escravos e proletários. Não há dúvida de que o enfraquecimento anterior da família nessas classes sociais é responsável pelo fato de o cristianismo primitivo ser, até certo ponto, hostil a ela e ter formulado uma ética em que a família ocupava um lugar muito menos importante que em qualquer ética até então existente, com exceção da ética budista. Na ética cristã, o que importa é a relação da alma com Deus, não a relação do homem com seus semelhantes.

O caso do budismo, entretanto, deveria servir de alerta contra a ênfase excessiva nas causas puramente econômicas da religião. Não conheço bastante bem a situação da Índia na época em que o budismo se espalhou para poder atribuir causas econômicas à ênfase que ele atribui ao indivíduo, e tenho minhas dúvidas se essas causas existiram. Durante o período em que floresceu na Índia, o budismo parece ter sido principalmente uma religião de príncipes, e poder-se-ia esperar que ideias relacionadas à família tivessem tido uma influência mais forte sobre eles que sobre qualquer outra classe. Não obstante, o desprezo por este mundo e a busca da salvação tornaram-se generalizados, tendo como consequência o fato de que na ética budista a família ocupa um lugar bastante secundário. Líderes religiosos importantes, com a exceção de Maomé – e de Confúcio, se pudermos considerá-lo como tal –, foram em geral bastante indiferentes a considerações de natureza social e política, procurando, antes, aperfeiçoar a alma por meio da meditação, da disciplina e do desprendimento. As religiões que surgiram no período histórico, à diferença daquelas que já existiam quando se iniciam os registros, eram em geral individualistas, tendendo a acreditar que o homem era capaz de cumprir com todas as suas obrigações sozinho. Elas sustentavam, naturalmente, que, se um homem mantém relações sociais, ele deve cumprir com as obrigações aceitas como parte dessas relações; contudo, na maioria das vezes elas não encaravam o estabelecimento de tais relações como uma obrigação em si. Isso se aplica especialmente ao cristianismo, que sempre teve uma atitude ambígua com relação à família. "Quem ama seu pai ou sua mãe mais que a mim não é digno de

*Casamento e moral*

mim", é o que lemos no Evangelho; na verdade, isso significa que o homem pode fazer aquilo que achar certo mesmo que seus pais considerem errado – uma visão que não seria endossada nem por um antigo romano nem por um chinês de velha cepa. Embora o fermento individualista do cristianismo tenha agido vagarosamente, a tendência foi que provocasse o enfraquecimento gradual de todas as relações sociais, sobretudo entre os mais devotados. Esse efeito é menos visível no catolicismo que no protestantismo, pois neste o elemento caótico contido no princípio de que devemos obedecer a Deus e não ao homem assumiu uma posição de destaque. Obedecer a Deus significa, na prática, obedecer à própria consciência, e a consciência dos homens pode variar. Portanto, podem ocorrer conflitos eventuais entre a consciência e a lei, nos quais o verdadeiro cristão mostrar-se-á inclinado a reverenciar o homem que segue sua própria consciência em vez dos ditames da lei.[1] Na civilização antiga, o pai era Deus; no cristianismo, Deus é o Pai. O resultado disso é o enfraquecimento da autoridade do pai meramente humano.

Embora não haja dúvida de que o declínio da família em épocas mais recentes deva ser atribuído sobretudo à Revolução Industrial, ele já tivera início antes desse acontecimento, e seus primórdios foram inspirados pela teoria individualista. Os jovens reivindicaram o direito de se casar segundo sua própria vontade, não de acordo com as ordens dos pais. O costume de os filhos casados morarem com os pais deixou de existir. Tornou-se comum os filhos deixarem a casa dos pais para ganhar a vida

---

1 Como exemplo disso, podemos mencionar a atitude tolerante de lorde Hugh Cecil diante daqueles que demonstraram objeção de consciência durante a guerra.

logo depois de completar os estudos. Enquanto se permitiu que as crianças pequenas trabalhassem nas fábricas, elas continuaram sendo uma fonte de sustento para os pais até morrerem de tanto trabalhar; porém, as Leis das Fábricas puseram fim a esse tipo de exploração, apesar dos protestos daqueles que viviam dela. De fonte de sustento, as crianças passaram a ônus financeiro. Nesse período, os contraceptivos tornaram-se conhecidos e a queda na taxa de natalidade começou. É possível apresentar inúmeros argumentos favoráveis ao ponto de vista de que, em média, os homens de todas as épocas tiveram a quantidade de filhos que valia a pena ter, nem mais nem menos. De qualquer modo, isso parece ser verdade no que diz respeito aos aborígenes australianos, aos trabalhadores das fábricas de algodão de Lancashire e aos fidalgos britânicos. Embora não pretenda que se possa defender tal ponto de vista com precisão teórica, ele não está tão longe da verdade como poderíamos estar inclinados a imaginar.

A posição da família na época contemporânea tem se enfraquecido, mesmo em seu último bastião, pela ação do Estado. Nos bons dias, a família era composta por um patriarca idoso, uma grande quantidade de filhos adultos, suas esposas e filhos — talvez os filhos dos filhos —, todos vivendo juntos numa única casa, todos cooperando como uma única unidade econômica, todos unidos contra o mundo exterior de maneira tão absoluta como os cidadãos de uma nação militarista contemporânea. Hoje em dia a família ficou reduzida ao pai, à mãe e aos filhos menores, que, por ordem do Estado, passam a maior do tempo na escola aprendendo o que o Estado considera adequado, não o que os pais desejam. (Contudo, a religião é, em parte, uma exceção a isso.) Portanto, longe de ter um poder de vida e morte sobre

*Casamento e moral*

os filhos, como acontecia em Roma, na Inglaterra o pai corre o risco de ser processado por crueldade se tratar o filho como a maioria dos pais, há um século, teria considerado fundamental para uma educação virtuosa. O Estado fornece assistência médica e dentária e sustenta a criança se os pais passarem por necessidades. Desse modo, as funções do pai são reduzidas ao mínimo, já que a maioria delas foi assumida pelo Estado. Com o avanço da civilização, isso é inevitável. Numa situação primitiva o pai era indispensável, como acontece entre os pássaros e os macacos antropoides, por motivos econômicos e também para proteger a prole e a mãe da violência. Há muito que essa última função passou a ser assumida pelo Estado. Uma criança cujo pai morreu tem a mesma probabilidade de ser assassinada que aquela cujo pai está vivo. Nas classes ricas, a função econômica do pai pode ser desempenhada de maneira mais eficaz se ele estiver morto, já que pode deixar seu dinheiro para os filhos sem ter de usar parte dele para seu próprio sustento. Entre os que dependem de salário, o pai ainda é economicamente útil, porém, no que diz respeito aos assalariados, essa utilidade vem sendo reduzida continuamente em razão do sentimento humanitário da sociedade, que insiste que a criança deve receber um mínimo de cuidado mesmo que tenha um pai que pague por isso. Por ora, é nas classes médias que o pai tem a maior importância, pois, enquanto está vivo e tem uma boa renda, ele pode proporcionar aos filhos as vantagens relacionadas a uma educação dispendiosa, a qual, por sua vez, permitirá que elas mantenham sua posição social e econômica; ao passo que, se ele morrer enquanto os filhos ainda são novos, existe uma grande possibilidade de que eles possam descer na escala social. De qualquer modo, o costume de fazer seguro de vida reduz bastante a precariedade dessa situação; por meio dele, há muito que um pai precavido pode fazer para diminuir sua própria utilidade, mesmo que ele seja um profissional liberal.

No mundo atual, a grande maioria dos pais trabalha tanto que mal consegue se encontrar com os próprios filhos. De manhã, estão tão ocupados se preparando para sair para o trabalho que nem têm tempo de conversar; à noite, quando chegam em casa, os filhos estão (ou deveriam estar) dormindo. Ouvimos histórias de crianças para quem o pai é "aquele homem que aparece no fim de semana". Quanto à importante questão do cuidado dos filhos, o pai raramente consegue participar; tal obrigação, de fato, acaba sendo partilhada entre as mães e as autoridades educacionais. É verdade que, apesar da pequena quantidade de tempo que passa com os filhos, o pai muitas vezes sente uma grande afeição por eles. Num domingo qualquer, em qualquer um dos bairros mais pobres de Londres, é possível encontrar uma grande quantidade de pais com os filhos pequenos, demonstrando uma visível alegria com a breve oportunidade de começar a conhecê-los. Entretanto, seja qual for o contexto do ponto de vista do pai, do ponto de vista da criança trata-se de uma relação lúdica sem muita importância.

Na classe alta e entre os profissionais liberais, o costume é deixar os filhos pequenos aos cuidados de babás e depois mandá-los para um internato. A mãe escolhe a babá e o pai escolhe o internato; assim eles mantêm intacto o senso de autoridade sobre os filhos, algo que não se permite aos pais da classe operária. Porém, no que diz respeito ao contato íntimo, em geral ele é menor entre a mãe e o filho das classes ricas que entre os assalariados. Embora o pai brinque com os filhos nos feriados, ele não participa mais de sua verdadeira educação que um pai da classe

*Casamento e moral*

operária. Naturalmente, ele tem a responsabilidade econômica e o poder de decidir onde os filhos serão educados; contudo, seu contato pessoal com eles não é muito significativo.

Quando a criança atinge a adolescência, existe uma forte tendência de ocorrer um conflito entre ela e os pais, uma vez que ela agora se considera suficientemente capaz de cuidar de seus próprios assuntos, enquanto eles estão cheios de preocupação parental, que muitas vezes é um disfarce para ocultar o apego ao poder. Os pais quase sempre acham que os diversos problemas morais que surgem na adolescência são particularmente de sua alçada. No entanto, as opiniões que eles externam são tão dogmáticas que os jovens raras vezes confiam neles, preferindo normalmente fazer do seu próprio jeito às escondidas. Portanto, não se pode dizer que a maioria dos pais tenha muita utilidade nessa fase.

Até aqui analisamos apenas a fragilidade da família moderna. Agora precisamos analisar em que aspectos ela ainda é forte.

A família é importante atualmente mais pelos sentimentos que proporciona aos pais que por qualquer outro motivo. Os sentimentos paternos e maternos talvez sejam mais importantes que qualquer outro quanto a sua capacidade de influenciar a ação. Homens e mulheres que têm filhos geralmente ajustam suas vidas, em grande medida, tendo os filhos como referência; e os filhos fazem que homens e mulheres comuns ajam, em certos aspectos, de maneira altruísta, dos quais talvez o seguro de vida seja o aspecto mais explícito e mensurável. O homem econômico de um século atrás nunca aparecia nos livros didáticos com os filhos, embora não houvesse dúvida de que, na imaginação dos economistas, ele os tivesse. Para estes, no entanto, era ponto pacífico o fato de que a competição geral que eles postulavam não existia entre pais e filhos. A psicologia do seguro de vida, é claro, encontra-se inteiramente ausente da série de motivos de que trata a economia política clássica. Não obstante, essa economia política não era psicologicamente autônoma, uma vez que o desejo de propriedade está bastante ligado aos sentimentos parentais. Rivers chegou mesmo a sugerir que toda propriedade privada deriva dos sentimentos de família. Ele cita algumas aves que mantêm a propriedade privada de um território só enquanto estão chocando. Creio que a maioria dos homens pode comprovar que eles se tornam muito mais gananciosos quanto têm filhos do que eram antes. Trata-se de um efeito instintivo, como se diz popularmente, ou seja, ele é espontâneo e brota do inconsciente. Desse ponto de vista, creio que a família tem tido uma importância incalculável para o desenvolvimento econômico da humanidade, e continua sendo um fator preponderante entre aqueles que são suficientemente prósperos para poderem economizar dinheiro.

Quanto a esse aspecto, a tendência é que ocorra um curioso mal-entendido entre pais e filhos. O homem que trabalha duro no escritório dirá ao filho preguiçoso que ele se esforçou a vida inteira apenas em benefício dos filhos. O filho, ao contrário, prefeririá muito mais receber uma nota de 5 libras e um pouco de ternura que ganhar uma fortuna quando o pai morrer. Além disso, o filho percebe, acertadamente, que o que leva o pai para o escritório é a força do hábito, nem um pouco o amor paterno. Portanto, o filho está tão convencido de que o pai é um impostor como o pai de que o filho é um vagabundo. O filho, contudo, comete uma injustiça. Ele vê o pai na meia-idade, com todos os hábitos já formados, e não compreende as forças obscuras e inconscientes que levaram à formação desses hábitos. Talvez o pai

*Casamento e moral*

tenha sido pobre na juventude, e, quando o primeiro filho nasceu, ele pode ter jurado instintivamente que nenhum filho seu passaria pelo que ele havia passado. Como se trata de uma decisão importante e vital, ela não precisa ser repetida conscientemente, já que controla o comportamento para sempre sem precisar ser repetida. Esse é um dos modos pelos quais a família ainda representa uma força muito poderosa.

Do ponto de vista da criança pequena, o importante no que diz respeito aos pais é que ela recebe deles um afeto que não é dado a mais ninguém, com exceção dos irmãos e das irmãs. Isso é parcialmente bom e parcialmente ruim. Proponho que deixemos para o próximo capítulo a análise dos efeitos psicológicos da família sobre os filhos. Por ora direi apenas que ela representa claramente um elemento muito importante na formação da personalidade, e que se pode esperar que as crianças criadas longe dos pais sejam muito diferentes, para o bem ou para o mal, das crianças normais.

Numa sociedade aristocrática ou, na verdade, em qualquer sociedade que endosse o prestígio pessoal, a família é, para certos indivíduos importantes, um símbolo associado à continuidade histórica. As pesquisas mostram, aparentemente, que pessoas com o sobrenome de Darwin se saem melhor em ciências do que se sairiam se seu sobrenome tivesse sido trocado para Snooks na infância. Imagino que se os sobrenomes fossem transmitidos por meio da mulher e não do homem, as repercussões desse tipo seriam literalmente tão fortes como são hoje. Em casos assim, é praticamente impossível determinar a participação da hereditariedade e do ambiente, respectivamente; estou bastante convencido, porém, de que as tradições familiares desempenham um papel muito importante nos fenômenos que Galton e seus discípulos atribuem à hereditariedade. Poderíamos dar como exemplo da influência da tradição familiar o motivo que teria levado Samuel Butler a criar o conceito de memória inconsciente e a defender uma teoria neolamarckiana da hereditariedade. O motivo foi que, por razões familiares, ele considerou imprescindível discordar de Charles Darwin. Como seu avô (aparentemente) entrara em rixa com o avô de Darwin e seu pai entrara em rixa com o pai de Darwin, ele também tinha de entrar em rixa com Darwin. Desse modo, o Matusalém de Shaw é o que é devido ao fato de Darwin e Butler terem tido avôs mal-humorados.

Na era dos contraceptivos, talvez a maior importância da família seja que ela preserva o costume de ter filhos. Se o homem não tivesse direito de posse sobre o filho nem a possibilidade de estabelecer relações afetuosas com ele, ele não veria muito sentido em gerá-lo. Naturalmente, seria possível ter famílias compostas apenas de mães, bastava uma pequena modificação de nossas instituições econômicas; contudo, não são essas famílias que estou analisando no momento, já que elas não dão nenhum motivo para a virtude sexual, e o que nos interessa nesta obra é a família como causa da estabilidade matrimonial. É possível – e, na verdade, penso que isso está longe de ser improvável – que em breve o pai venha a ser completamente descartado, exceto entre os ricos (supondo que eles não tenham sido eliminados pelo socialismo). Nesse caso, as mulheres irão compartilhar os filhos com o Estado, não com um pai individual. Elas terão a quantidade de filhos que quiserem, e os pais não terão nenhuma responsabilidade com relação a eles. Na verdade, caso as mulheres tenham alguma inclinação à promiscuidade, pode vir a ser impossível determinar a paternidade. Contudo, se isso acontecer, provocará uma profunda

*Casamento e moral*

transformação no comportamento e nas atividades dos homens, muito mais profunda, creio, do que a maioria das pessoas imaginaria. Se o efeito nos homens será favorável ou desfavorável, não me aventuro a dizer. Ele eliminaria de suas vidas o único sentimento de importância análoga à paixão sexual. Tornaria a própria paixão sexual mais vulgar. Faria que fosse muito mais difícil se interessar por qualquer coisa que acontecesse após a própria morte. Tornaria os homens menos ativos e, provavelmente, faria que abandonassem o trabalho mais cedo. Diminuiria seu interesse pela história e sua percepção da continuidade da tradição histórica. Ao mesmo tempo, eliminaria o mais aterrador e brutal sentimento a que os homens estão sujeitos, a saber, a fúria que se observa na defesa das esposas e dos filhos contra os ataques dos povos mestiços. Penso que tornaria os homens menos predispostos para a guerra e, provavelmente, menos gananciosos. Embora seja difícil encontrar um ponto de equilíbrio entre os efeitos favoráveis e desfavoráveis, é evidente que eles seriam profundos e de longo alcance. A família patriarcal, portanto, continua sendo importante, embora seja duvidoso por quanto tempo permanecerá assim.

# 14.
## A família na psicologia individual

Quero analisar neste capítulo como a personalidade do indivíduo é afetada pelas relações familiares. Esse assunto é composto de três partes: o efeito sobre os filhos, o efeito sobre a mãe e o efeito sobre o pai. Não há nenhuma dúvida de que é muito difícil separar essas partes, já que a família é uma unidade extremamente coesa, e tudo que afeta os pais afeta também sua influência sobre os filhos. Não obstante, tentarei dividir a discussão nesses três tópicos, parecendo-me natural começar com os filhos, já que, numa família, antes de ser pai ou mãe, todos foram filhos.

Se concordarmos com Freud, os sentimentos de uma criança pequena com relação aos outros membros da família são de natureza até certo ponto violenta. O menino odeia o pai, que considera seu rival sexual. Com relação à mãe, ele cultiva sentimentos que são vistos com extrema repugnância pela moral tradicional. Ele odeia os irmãos e as irmãs porque eles absorvem uma parte da atenção dos pais, que o menino gostaria que se concentrasse inteiramente nele. Mais tarde, as consequências desses sentimentos perturbadores assumirão as mais diversas e

147

*Bertrand Russell*

terríveis formas, indo da homossexualidade, na melhor das hipóteses, à loucura, na pior.

A doutrina freudiana tem provocado menos espanto do que se esperaria. É verdade que professores foram demitidos de seus cargos por acreditarem nela, e a polícia britânica deportou um dos mais brilhantes homens de sua geração[1] por agir de acordo com ela. Mas a influência do ascetismo cristão é tamanha que as pessoas ficaram mais chocadas com a declaração de Freud sobre o sexo que com sua descrição dos ódios infantis. De qualquer modo, precisamos tentar chegar a uma conclusão não preconceituosa quanto à veracidade ou à falsidade das opiniões de Freud relacionadas aos sentimentos das crianças. Em primeiro lugar, devo admitir que experiências importantes feitas com crianças pequenas nos últimos anos me convenceram de que as teorias de Freud são muito mais verdadeiras do que eu imaginara antes. Apesar disso, ainda penso que elas representam apenas um lado da verdade, e um lado que, com um pouco de bom senso por parte dos pais, pode se tornar bastante irrelevante.

Comecemos com o complexo de Édipo. A sexualidade infantil é, indiscutivelmente, muito mais poderosa do que se acreditava antes de Freud. Acredito, mesmo, que a heterossexualidade seja mais forte no início da infância do que se poderia deduzir dos textos de Freud. Não é difícil para uma mãe descuidada concentrar sobre si, de maneira não intencional, os sentimentos heterossexuais do filho pequeno; e é verdade que, se isso acontecer, as consequências negativas apontadas por Freud provavelmente ocorrerão. Entretanto, se a mãe tiver uma vida sexual satisfatória, a probabilidade de que isso aconteça é muito menor, pois,

---

1 Homer Lane.

*Casamento e moral*

nesse caso, ela não buscará no filho um tipo de satisfação emocional que só se deve esperar de um adulto. O impulso materno é, em sua inocência, um impulso para cuidar dos filhos, não para exigir deles um amor erótico; além disso, se a mulher estiver satisfeita com sua vida sexual, ela evitará, espontaneamente, todas as exigências inadequadas de uma reação afetiva por parte do filho. Por esse motivo, é provável que a mulher feliz seja uma mãe melhor que a mulher infeliz. Não obstante, como nenhuma mulher pode garantir que estará sempre feliz, um certo nível de autocontrole pode ser indispensável nos momentos de infelicidade, para evitar que ela exija demais dos filhos. Embora não seja difícil exercer esse nível de autocontrole, antigamente não se percebia essa necessidade, considerando-se natural que a mãe cobrisse os filhos de carícias o tempo todo. Os sentimentos heterossexuais das crianças pequenas podem encontrar uma válvula de escape natural, saudável e inocente no contato com outras crianças; dessa forma, eles fazem parte de uma brincadeira, proporcionando, como toda brincadeira, uma preparação para as atividades da vida adulta. Depois dos 3 ou 4 anos de idade, a criança precisa, para seu próprio desenvolvimento emocional, da companhia de outras crianças de ambos os sexos, não apenas dos irmãos e irmãs, que são, inevitavelmente, mais velhos ou mais novos, mas de crianças de sua idade. Embora em seu estado puro a pequena família moderna seja sufocante e limitada demais para proporcionar um desenvolvimento saudável durante os primeiros anos de vida, isso não significa que ela seja indesejável no ambiente infantil.

Não são apenas as mães que estão sujeitas a despertar nos filhos pequenos sentimentos indesejáveis de afeto. Empregadas e babás e, quando mais velhas, professoras também são perigosas;

na verdade, até mais perigosas, uma vez que, em geral, elas são muito carentes sexualmente. As autoridades educacionais são da opinião de que as crianças devem ser sempre deixadas a cargo de solteironas infelizes. Essa visão revela um desconhecimento psicológico grosseiro, e só alguém que não tivesse observado de perto o desenvolvimento emocional das crianças pequenas poderia ter essa ideia.

O ciúme dos irmãos e das irmãs é bastante comum nas famílias, e às vezes se encontra na origem de uma obsessão homicida, bem como de distúrbios nervosos menos graves que surgem mais tarde. Com exceção das manifestações mais brandas, ele é facilmente evitável, desde que os pais e as outras pessoas responsáveis pela criança se deem ao trabalho de controlar um pouco seu próprio comportamento. É claro que não deve existir nenhum favoritismo – observando-se a mais escrupulosa justiça no que diz respeito a brinquedos, guloseimas e atenção. Por ocasião do nascimento de um novo irmão ou irmã, deve ser feito um grande esforço para evitar que os outros imaginem que se tornaram menos importantes para os pais. Sempre que ocorrem casos graves de ciúme, acaba-se constatando que essas regras simples não foram levadas em conta.

Chegamos, portanto, a determinadas condições que precisam ser preenchidas para que a influência psicológica da família sobre a vida dos filhos seja positiva. Os pais, especialmente a mãe, devem, se possível, estar satisfeitos com sua vida sexual. Ambos devem evitar o tipo de relacionamento emocional com os filhos que apela para uma reação inadequada na infância. Não deve haver nenhum tipo de preferência entre os irmãos e irmãs; todos devem ser tratados de maneira absolutamente imparcial. E, após os 3 ou 4 anos, o lar não deve ser o único ambiente

*Casamento e moral*

frequentado pela criança, mas grande parte do dia deve ser passado na companhia de crianças de sua idade. Asseguradas essas condições, creio que é bastante improvável que ocorram os efeitos perniciosos temidos por Freud.

Por outro lado, não há dúvida de que o afeto dos pais, quando é do tipo adequado, favorece o desenvolvimento da criança. Crianças cujas mães não sentem por elas um amor intenso tendem a ser magras e nervosas, desenvolvendo, às vezes, condutas transgressoras como a cleptomania. O amor dos pais faz que os filhos se sintam seguros neste mundo perigoso, proporcionando-lhes a ousadia para experimentar e explorar seu ambiente. Para o vigor mental da criança, é indispensável que ela se sinta objeto de um amor intenso, pois ela tem a consciência instintiva de seu desamparo e da necessidade de uma proteção que só o amor pode assegurar. Para que cresça feliz, sociável e sem medo, a criança precisa de um ambiente que tenha uma certa ternura, algo difícil de conseguir se não for por meio do amor dos pais.

Existe um outro serviço que o pai e a mãe inteligentes podem prestar aos filhos, embora até bem recentemente jamais tenham agido assim. Ou seja, eles podem lhes apresentar os fatos relacionados ao sexo, à paternidade e à maternidade da melhor maneira possível. Se as crianças tomarem conhecimento do sexo como uma relação entre os pais, a quem devem a própria vida, esse conhecimento assumirá a forma ideal e, além disso, estará ligado ao seu propósito biológico. Nos velhos tempos, elas quase sempre tomavam conhecimento do assunto pela primeira vez como tema de piadas obscenas e como fonte de prazeres considerados vergonhosos. Essa primeira iniciação, feita por intermédio de conversas obscenas furtivas, em geral provocava uma impressão indelével, de tal maneira que dali em diante se tornava impossível ter uma atitude decente com respeito a qualquer assunto relacionado ao sexo.

Para decidir se, em termos gerais, a vida familiar é desejável ou indesejável, devemos, é claro, levar em conta as únicas alternativas práticas. Elas parecem ser duas: em primeiro lugar, a família matriarcal; e, em segundo, as instituições públicas, como os orfanatos. Para fazer que uma delas se torne a regra, seriam necessárias profundas transformações econômicas. Podemos imaginar que elas foram realizadas e analisar o efeito no comportamento das crianças.

Falemos da família matriarcal. Nesse caso, supõe-se que os filhos só conhecerão um dos pais e que a mulher terá um filho quando sentir vontade, mas sem a expectativa de que o pai tenha qualquer interesse particular em sua decisão e sem necessariamente escolher um único pai para os diferentes filhos. Admitindo-se que as providências econômicas sejam satisfatórias, será que as crianças sofreriam muito em tal sistema? Qual é, de fato, a função psicológica do pai com relação aos filhos? Penso que sua função mais importante talvez seja a que se encontra no último ponto mencionado, a saber, fazer a ligação do sexo com o amor matrimonial e a procriação. Também existe, após os primeiros anos da infância, um benefício muito claro no contato tanto com uma visão masculina como com uma visão feminina da vida. Especialmente para os meninos, isso é intelectualmente importante. Ao mesmo tempo, não considero que o benefício seja muito relevante. Até onde eu sei, crianças cujos pais morreram quando elas eram pequenas não se saem, na média, pior que outras crianças. Não há dúvida de que ter um pai ideal é melhor que não ter pai, mas muitos pais estão tão distantes do ideal que o fato de não existirem pode ser uma vantagem para as crianças.

*Casamento e moral*

O que acabou de ser dito depende da hipótese de existir uma convenção social totalmente diversa da que predomina hoje em dia. Onde existe uma convenção, as crianças sofrem quando ela é infringida, já que dificilmente existe algo tão doloroso para uma criança como se sentir de alguma forma diferente. Essa reflexão se aplica ao divórcio na sociedade atual. A criança que se habituou com o pai e com a mãe e desenvolveu laços afetivos com ambos sente que o divórcio entre eles destrói por completo seu sentimento de segurança. Na verdade, é provável que, nessas circunstâncias, ela desenvolva fobias e outros distúrbios nervosos. Quando a criança fica ligada a ambos os pais, eles assumem uma responsabilidade muito séria em caso de separação. Penso, portanto, que para as crianças seria melhor uma sociedade em que o pai não tivesse nenhuma atribuição que aquela em que o divórcio é frequente, ainda que seja considerado excepcional.

Não penso que haja muito a dizer com relação à proposta de Platão de separar os filhos das mães e dos pais. Pelos motivos já citados, penso que o afeto paterno e o afeto materno são fundamentais para o desenvolvimento da criança, e que, embora talvez seja suficiente receber esse afeto somente de um dos pais, decerto seria bastante deplorável não recebê-lo de nenhum. Do ponto de vista da moral sexual, que é nosso interesse principal, a questão importante é a da utilidade do pai. Quanto a isso, embora seja muito difícil dizer de maneira definitiva, parece que a conclusão é que nos casos favoráveis ele tem uma utilidade limitada, enquanto nos casos desfavoráveis ele pode facilmente, por meio da tirania, do mau humor e de um temperamento irascível, ser muito mais prejudicial que benéfico. Do ponto de vista do comportamento dos filhos, portanto, o argumento em favor dos pais não é muito convincente.

A importância da família, tal como existe hoje, no comportamento das mães é muito difícil de avaliar. Penso que durante a gravidez e a amamentação a mulher geralmente tem uma certa tendência instintiva de desejar a proteção do homem – um sentimento, sem dúvida, herdado dos macacos antropoides. No mundo um tanto cruel em que vivemos, é provável que a mulher que necessite abrir mão de sua proteção tenda a se tornar, até certo ponto, excessivamente combativa e arrogante. Esses sentimentos, contudo, são apenas em parte instintivos. Eles seriam consideravelmente reduzidos, e em alguns casos eliminados por completo, se o Estado cuidasse de forma adequada das mulheres grávidas e lactantes e das crianças pequenas. Penso que talvez o principal prejuízo para as mulheres com a eliminação do lugar do pai no lar seria a diminuição da intimidade e da seriedade de suas relações com o sexo masculino. Os seres humanos são feitos de tal maneira que cada gênero tem muito que aprender com o outro; contudo, meras relações sexuais, mesmo quando apaixonadas, não são suficientes para completar essas lições. A cooperação na importante atividade de educar os filhos e o companheirismo durante os longos anos transcorridos produzem uma relação mais significativa e mais enriquecedora para ambas as partes que qualquer outra que existiria se os homens não tivessem nenhuma responsabilidade pelos filhos. Além disso, exceto numa minoria de casos, não creio que as mães que vivem num ambiente totalmente feminino ou cujos contatos com os homens são superficiais sejam de fato tão benéficas para os filhos do ponto de vista do desenvolvimento emocional como aquelas que são felizes no casamento, colaborando com os maridos em todos os momentos. Não obstante, em muitos casos é preciso contrapor outras considerações a essas. Se a mulher está

*Casamento e moral*

efetivamente infeliz no casamento — e isso, afinal de contas, não é, de modo algum, um acontecimento excepcional —, sua infelicidade faz que ela tenha muita dificuldade de manter o tipo de equilíbrio emocional adequado no trato com os filhos. Em casos como esse, não há dúvida de que ela seria uma mãe muito melhor se estivesse livre do pai. Desse modo, somos levados a concluir, de maneira absolutamente óbvia, que os casamentos felizes são benéficos, enquanto os infelizes são prejudiciais.

Grande parte da importantíssima questão relacionada ao papel da família no comportamento individual é o efeito que ela tem sobre o pai. Já tivemos a ocasião de ressaltar inúmeras vezes a importância da paternidade e dos sentimentos que a acompanham. Como examinamos o papel desempenhado por ela nos primórdios da história com relação ao desenvolvimento da família patriarcal e à submissão das mulheres, podemos concluir que o sentimento paterno deve ser uma paixão muito poderosa. Por motivos que não são fáceis de compreender, ele não é nem de longe tão forte em sociedades altamente civilizadas como é em outros lugares. Na época do Império Romano, os membros das classes altas deixaram de senti-lo, e, nos dias de hoje, muitos homens racionais ao extremo são quase ou totalmente desprovidos dele. Não obstante, ele ainda está presente na grande maioria dos homens, mesmo nas sociedades mais civilizadas. É por essa razão, e não pelo sexo, que os homens se casam, pois não é difícil obter satisfação sexual sem se casar. Embora exista uma teoria de que o desejo de ter filhos é mais comum entre as mulheres que entre os homens, minha impressão — ainda que não tenha importância — é exatamente o contrário. Num grande número de casamentos contemporâneos, os filhos representam uma concessão por parte da mulher aos desejos do homem.

155

Afinal de contas, para trazer uma criança ao mundo a mulher tem de enfrentar os trabalhos de parto, a dor e, possivelmente, a perda da beleza, enquanto o homem não precisa se preocupar com isso. As razões do homem para desejar uma família pequena são geralmente de ordem econômica; embora a mulher também leve em conta essas razões, ela tem seus próprios motivos especiais. A força do desejo que os homens sentem pelos filhos fica evidente quando se considera a perda de conforto material em que os homens qualificados incorrem quando se comprometem a criar a família da forma dispendiosa que sua classe considera necessária.

Será que os homens gerariam filhos se não fossem usufruir os direitos que a paternidade lhes confere hoje? Alguns diriam que, se não fossem ter responsabilidades, eles os gerariam de forma temerária. Não acredito nisso. O homem que deseja um filho deseja as responsabilidades que ele acarreta. E, hoje em dia, com os contraceptivos, não é comum que o homem tenha um filho como um simples acidente em sua busca pelo prazer. Naturalmente, qualquer que fosse a condição da lei, o homem e a mulher continuariam tendo a possibilidade de viver numa união permanente na qual o homem poderia usufruir parte daquilo que ele obtém hoje por meio da paternidade; contudo, se a lei e os costumes se adaptassem à visão de que os filhos pertencem apenas à mãe, as mulheres sentiriam que qualquer coisa próxima do casamento tal como conhecemos representaria uma violação da independência, acarretando uma perda desnecessária daquele domínio completo sobre os filhos que, não fora isso, elas desfrutariam.

Algo foi mencionado no último capítulo quanto à influência de tal modelo sobre o comportamento masculino. Acredito

*Casamento e moral*

que ela reduziria enormemente a seriedade das relações dos homens com as mulheres, tornando-as cada vez mais uma questão de simples prazer, não uma união íntima entre coração, mente e corpo. A tendência seria que todos os relacionamentos pessoais passassem a ser relativamente superficiais, fazendo que os sentimentos genuínos do homem se voltassem para a carreira, o país ou outro assunto impessoal. Tudo isso, no entanto, é dito de forma um pouco genérica, pois os homens se diferenciam profundamente uns dos outros; o que para um pode representar uma perda importante, para o outro pode ser inteiramente satisfatório. Acredito que, embora relute um pouco em formulá-lo, a supressão da paternidade como relação social reconhecida tenderia a tornar a vida emocional do homem superficial e pobre, ocasionando, por fim, o lento crescimento do tédio e da desesperança, com o que a procriação cessaria, deixando a reposição da espécie humana a cargo das famílias que houvessem preservado a antiga tradição. Penso que o tédio e a superficialidade seriam inevitáveis. Naturalmente, a redução da população poderia ser evitada pagando-se às mulheres uma quantia suficiente para que assumissem a profissão da maternidade. É provável que isso aconteça em breve, se o militarismo continuar tão forte quanto está no momento. Entretanto, como essa linha de pensamento faz parte da análise da questão populacional, que será abordada num capítulo posterior, por ora não me estenderei mais sobre ela.

# 15.
## A família e o Estado

Embora tenha uma origem biológica, nas sociedades civilizadas a família é o resultado de um ato legal. O casamento é regulamentado pela lei, e os direitos dos pais sobre os filhos são minuciosamente estipulados. Onde não existe casamento, o pai não tem nenhum direito e o filho pertence exclusivamente à mãe. Contudo, embora a lei pretenda defender a família, nos dias de hoje ela tem interferido cada vez mais entre pais e filhos, tornando-se aos poucos – contra o desejo e a intenção do legislador – um dos principais instrumentos de desintegração do sistema familiar. Isso tem acontecido devido ao fato de que não se pode confiar que pais incapazes deem um nível de atenção aos filhos que a percepção geral da sociedade considera indispensável. E não são somente os pais incapazes que precisam da intervenção do Estado para proteger seus filhos da desgraça; os extremamente pobres também. No início do século XIX, a proposta de interferir no trabalho infantil nas fábricas encontrou uma feroz resistência, baseada no argumento de que isso reduziria a responsabilidade dos pais. Embora a legislação inglesa não permitisse que os pais matassem os filhos de forma rápida e indolor – como era o caso da legislação da Roma antiga –, ela permitia, sim, que eles lhes retirassem a vida por meio da lenta agonia do trabalho. Esse direito sagrado era defendido pelos pais, pelos empregadores e pelos economistas. Não obstante, como o sentimento moral da sociedade se revoltou com tal formalismo abstrato, as Leis das Fábricas foram aprovadas. O passo seguinte foi mais importante, a saber, a introdução do ensino obrigatório, que representou uma interferência realmente significativa nos direitos dos pais. Durante um grande número de horas, todos os dias com exceção dos feriados, as crianças têm de ficar longe de casa, aprendendo coisas que o Estado considera necessário que elas conheçam; e a opinião dos pais sobre o assunto é irrelevante do ponto de vista legal. O Estado está ampliando gradualmente o controle sobre a vida das crianças por meio da escola. Ele cuida de sua saúde mesmo que os pais sejam adeptos da ciência cristã. Caso sejam portadoras de deficiência mental, são encaminhadas para escolas especiais. Se forem indigentes, podem ser alimentadas; se os pais não têm condição de pagar pelas botinas, elas podem ser fornecidas. Se as crianças chegam à escola com sinais de maus-tratos recebidos dos pais, é provável que eles sofram as consequências penais. Nos velhos tempos, os pais tinham direito ao salário dos filhos enquanto eles fossem menores de idade; hoje, embora na prática as crianças possam encontrar dificuldade para reter seu salário, elas têm o direito de fazê-lo, e esse direito pode ser exercido quando surgem as condições que o tornam importante. Um dos poucos direitos que restaram aos pais da classe trabalhadora é o de ensinar todo tipo de superstição que seja compartilhada por um grande número de pais da vizinhança. E, em muitos países, até mesmo esse direito foi retirado dos pais.

# Casamento e moral

Não é possível estabelecer nenhum limite claro a esse processo de substituição do pai pelo Estado. São as funções do pai, e não da mãe, que o Estado assumiu, já que ele proporciona à criança os serviços pelos quais, de outro modo, o pai teria de pagar. Nas classes média e superior esse processo nem começou a acontecer; em consequência, o pai continua sendo mais importante e a família mais estável entre os ricos que entre os assalariados. Onde o socialismo é levado a sério, como na União Soviética, a abolição ou a transformação completa das instituições de ensino projetadas anteriormente para os filhos dos ricos é tida como uma tarefa importante e necessária. É difícil imaginar que isso possa ocorrer na Inglaterra. Vi socialistas ingleses espumando de raiva diante da sugestão de que todas as crianças deveriam frequentar a escola primária. "O quê? Meus filhos na companhia das crianças dos cortiços? Jamais!", exclamam eles. Curiosamente, eles não conseguem perceber o quão profundamente a divisão entre as classes está ligada ao sistema educacional.

A tendência atual em todos os países é a interferência cada vez maior do Estado na autoridade e nas funções do pai da classe trabalhadora, sem que exista qualquer interferência correspondente (exceto na Rússia) nas outras classes. A consequência disso é a criação de dois tipos diferentes de cenário entre ricos e pobres, respectivamente: o enfraquecimento da família no que diz respeito aos pobres, sem que haja uma transformação equivalente no que diz respeito aos ricos. É de se esperar que os sentimentos humanitários com relação às crianças, que estavam na origem das intervenções anteriores do Estado, continuem existindo, ocasionando mais e mais intervenções. O fato de que uma enorme porcentagem de crianças das áreas pobres de

*Bertrand Russell*

Londres, e mais ainda das cidades industriais do Norte, sofre de raquitismo, por exemplo, é algo que exige uma ação do Estado. Por mais que desejem, os pais não conseguem lidar com o mal, uma vez que, para isso, exigem-se pré-requisitos alimentares, de ventilação e de iluminação que eles não estão em condições de oferecer. É um desperdício, bem como uma crueldade, permitir que as crianças sejam destruídas fisicamente durante o primeiro ano de vida; além disso, à medida que a higiene e alimentação forem mais bem compreendidas, haverá uma exigência crescente para que as crianças não venham a sofrer dano desnecessário. Naturalmente, é verdade que existe uma feroz resistência política a todas essas sugestões. Os ricos de todos os bairros de Londres se juntam para manter o imposto territorial urbano no nível mais baixo, isto é, para assegurar que seja feito o mínimo possível para aliviar a doença e a miséria dos pobres. Quando as autoridades locais, como em Poplar, tomam medidas realmente eficazes para diminuir a mortalidade infantil, elas são postas na prisão.[1] Apesar disso, a resistência dos ricos está sendo frequentemente superada, e a saúde dos pobres cada vez mais melhorada. Portanto, podemos esperar confiantes que, num futuro próximo, as funções do Estado no que diz respeito ao cuidado dos filhos dos trabalhadores serão ampliadas em vez de reduzidas, com uma redução equivalente das funções do pai. Como o objetivo biológico do pai é proteger os filhos durante os anos de desamparo, ele perde sua razão de ser quando essa função biológica é assumida pelo Estado. Por conseguinte, devemos esperar,

---

1 Em 1922, a taxa de mortalidade infantil era de cinco por mil a menos em Poplar que em Kensington; em 1926, depois que a restauração da legalidade em Poplar realizou sua obra benemérita, ele passou para dez por mil a mais em Poplar que em Kensington.

*Casamento e moral*

nos países capitalistas, uma divisão crescente da sociedade em duas castas: os ricos preservando a família em sua forma antiga; e os pobres esperando cada vez mais que o Estado desempenhe as funções econômicas tradicionalmente de alçada do pai. A Rússia soviética tem procurado fazer transformações mais radicais da família. Contudo, em virtude do fato de que 80% da população é composta por camponeses, entre os quais a família ainda é tão sólida como era na Europa Ocidental durante a Idade Média, é provável que as teorias comunistas só afetem uma porção urbana relativamente pequena. Por essa razão, podemos chegar na Rússia à antítese da situação que verificamos nos países capitalistas, a saber, uma classe alta que prescinde da família e uma classe baixa apegada a ela.

Existe uma outra força poderosa atuando no sentido de eliminar o pai: o desejo das mulheres de serem independentes do ponto de vista econômico. Embora as mulheres mais articuladas politicamente tenham sido, até agora, mulheres solteiras, é provável que esse estado de coisas seja temporário. As injustiças sofridas pelas mulheres casadas são, no momento, muito mais sérias que as sofridas pelas solteiras. A professora que se casa é tratada da mesma forma que a professora que leva uma vida notoriamente transgressora. Até mesmo as médicas das maternidades públicas têm de ser solteiras. A razão disso tudo não é o pressuposto de que as mulheres casadas sejam incapazes para o trabalho, nem que exista qualquer impedimento legal para sua contratação; pelo contrário, não faz muitos anos, foi promulgada uma lei que estabelecia explicitamente que nenhuma mulher devia ser desqualificada por estar casada. O motivo todo para não contratar mulheres casadas é o desejo masculino de manter o controle econômico sobre elas. Não se deve imaginar que as mulheres irão se sujeitar a essa tirania para sempre. Naturalmente, é um pouco difícil encontrar um partido que assuma sua causa, já que os conservadores amam o lar e o Partido Trabalhista ama o trabalhador. Apesar disso, agora que as mulheres são a maioria do eleitorado, não se deve esperar que elas se submetam para sempre a uma posição de inferioridade. É provável que suas reivindicações, caso sejam reconhecidas, tenham um efeito profundo sobre a família. Existem dois caminhos diferentes por meio dos quais as mulheres casadas podem conquistar a independência econômica. Um é continuar empregada no tipo de trabalho que exerciam antes do casamento. Isso implicaria deixar os filhos sob os cuidados de outras pessoas, o que levaria a uma grande ampliação do número de creches e berçários. A consequência lógica disso seria a perda total da importância dos pais no que diz respeito ao comportamento do filho. Um outro modelo seria o Estado pagar um salário às mulheres com filhos pequenos, com a condição de elas se dedicarem a sua criação. Naturalmente, esse modelo sozinho não seria suficiente; ele teria de ser complementado por providências que permitissem que as mulheres retomassem o trabalho depois que os filhos não fossem mais tão pequenos. Entretanto, ele teria a vantagem de permitir que as mulheres cuidassem elas próprias dos filhos, sem ter de se submeter à dependência humilhante de um homem. Além de reconhecer, algo cada vez mais frequente nos dias de hoje, que ter um filho – que outrora era uma simples consequência da satisfação sexual – é, hoje em dia, uma tarefa que se assume deliberadamente; tarefa essa que, por redundar em benefício do Estado e não dos pais, deve ser paga pelo Estado, em vez de representar um ônus importante para os pais. Embora esse último aspecto esteja reconhecido na defesa dos subsídios à

## Casamento e moral

família, ainda não se aceita que o pagamento pelas crianças deva ser feito unicamente à mãe. Apesar disso, penso que se pode esperar que o feminismo da classe operária se desenvolva de tal maneira que isso seja aceito e passe a fazer parte da lei.

Supondo que tal lei seja aprovada, suas consequências sobre a moral familiar dependerão do modo como ela tiver sido redigida. A lei pode ser redigida de tal maneira que a mulher não receba nenhum pagamento caso o filho seja ilegítimo; ou, ainda, pode-se determinar que, se ela for considerada culpada de adultério, mesmo que uma única vez, o pagamento deve ser feito ao marido e não a ela. Se essa for a lei, caberá à polícia local conversar com cada mulher casada e investigar sua condição moral. Embora o efeito possa ser muito edificante, duvido que as pessoas edificadas apreciem plenamente isso. Penso que logo se passaria a exigir que a interferência da polícia cessasse, o que faria que mesmo as mães de filhos ilegítimos recebessem o subsídio. Se isso fosse feito, o poder econômico do pai da classe trabalhadora chegaria irremediavelmente ao fim e, passado um certo tempo, talvez a família deixasse de ser biparental e o pai teria a mesma importância que um gato ou um cachorro macho.

Não obstante, hoje em dia a mulher independente sente muitas vezes tamanha aversão ao lar que penso que a maioria das mulheres preferiria ter condições de continuar no trabalho que exerciam antes do casamento que serem pagas para cuidar dos próprios filhos. Haveria uma quantidade suficiente de mulheres dispostas a deixar o lar para cuidar de crianças pequenas numa creche, porque isso representaria uma atividade profissional; entretanto, não penso que a maioria das mulheres trabalhadoras, se lhes fosse oferecida a oportunidade, se sentiria tão feliz sendo paga para cuidar dos próprios filhos em casa como se sentiria se voltasse para o emprego assalariado que tinha antes de se casar. No entanto, trata-se apenas de uma questão de opinião, e não posso dizer que tenho qualquer argumento definitivo. Seja como for, se existe alguma verdade naquilo que temos afirmado, parece provável que o desenvolvimento do feminismo entre as mulheres casadas fará que, num futuro não muito distante – e mesmo no interior da estrutura da sociedade capitalista –, um dos pais da classe trabalhadora, se não os dois, seja excluído da guarda dos filhos.

A revolta das mulheres contra a dominação dos homens é um movimento que, no sentido político mais puro, está praticamente concluído; contudo, do ponto de vista mais abrangente, ele ainda está dando os primeiros passos. Suas consequências mais indiretas virão gradualmente à tona. Até agora, ainda se espera que as emoções que as mulheres sentem sejam um reflexo dos interesses e dos sentimentos dos homens. Pode-se ler nas obras dos romancistas que as mulheres sentem prazer físico quando amamentam os filhos; se você perguntar a qualquer mãe conhecida, descobrirá que isso não é verdade; porém, antes de as mulheres terem direito ao voto, nenhum homem tinha pensado em fazer essa pergunta. O conjunto dos sentimentos maternos tem sido tratado durante tanto tempo de forma emocional por homens que viam neles, inconscientemente, o instrumento de sua própria dominação, que é preciso fazer um esforço considerável para chegar àquilo que as mulheres realmente sentem em relação a isso. Até muito recentemente, esperava-se que todas as mulheres decentes desejassem ter filhos, mas odiassem o sexo. Mesmo hoje, muitos homens ficam chocados com as mulheres que declaram francamente que não desejam ter filhos. Na verdade, não é raro que eles tomem para si a tarefa de

*Casamento e moral*

passar um sermão em tais mulheres. Enquanto eram submissas, as mulheres não ousavam ser sinceras a respeito dos próprios sentimentos, só admitindo aqueles que agradavam aos homens. Por conseguinte, não podemos argumentar a partir daquilo que tem sido considerado, até o momento, a atitude normal das mulheres com relação aos filhos, pois podemos descobrir que, à medida que elas se tornam plenamente emancipadas, seus sentimentos acabam sendo, em geral, bastante diferentes daquilo que se imaginou até agora. Penso que a civilização, pelo menos tal como existe até o momento, tende a reduzir de maneira significativa os sentimentos maternos das mulheres. É provável que no futuro seja impossível manter uma civilização superior a menos que se pague uma tal quantia às mulheres para que tenham filhos, fazendo-as sentir que se trata de uma ocupação remunerada que vale a pena. Naturalmente, se isso fosse feito não seria necessário que todas as mulheres, ou mesmo a maioria delas, abraçassem essa profissão. Seria mais uma profissão entre tantas outras, e teria de ser encarada com profissionalismo. No entanto, trata-se apenas de especulações. O único aspecto delas que parece absolutamente incontestável é que é provável que os últimos desdobramentos do feminismo influenciem profundamente a dissolução da família patriarcal, símbolo do triunfo do homem sobre a mulher no período pré-histórico.

A substituição do pai pelo Estado, até onde já avançou no Ocidente, representa, em grande medida, um enorme progresso. Ela aumentou imensamente o bem-estar da sociedade e o nível geral de educação. Diminuiu a crueldade com relação às crianças, impossibilitando que ocorressem sofrimentos como aqueles pelos quais David Copperfield passou. Podemos esperar que ela continue a elevar o nível geral de saúde física e de capacidade intelectual, sobretudo ao evitar os piores infortúnios decorrentes do sistema familiar quando ele funciona mal. Apesar disso, a substituição da família pelo Estado contém sérios riscos. Os pais geralmente gostam dos filhos, e não os consideram apenas como matéria de programas políticos; não se pode esperar que o Estado tenha essa postura. Os indivíduos de carne e osso que entram em contato com as crianças nas instituições – os professores, por exemplo – podem, se não estiverem com um excesso de trabalho e não forem mal remunerados, conservar um pouco do sentimento pessoal que os pais têm. No entanto, os professores têm pouco poder; o poder está nas mãos dos administradores. Estes nunca veem as crianças cujas vidas controlam, e, tendo uma visão administrativa (caso contrário não conseguiriam os cargos que ocupam), eles provavelmente tendem a considerar os seres humanos não como fins em si mesmos, mas como matéria-prima para algum tipo de projeto. Além do mais, o administrador aprecia a uniformidade. Ela é conveniente para as estatísticas e os processos de classificação, e, se for do tipo "certo", significa a existência de um grande número de seres humanos do tipo que ele considera desejável. Em consequência, é provável que as crianças deixadas à mercê das instituições sejam todas parecidas, enquanto as poucas que não conseguirem se adaptar ao padrão aceito sofrerão perseguição, não somente dos colegas, mas também das autoridades. Isso significa que muitos daqueles com maior potencial serão atormentados e torturados até que sua força de vontade seja destruída. Significa que a grande maioria, que consegue se adaptar, irá se sentir muito segura de si, muito predisposta a perseguir e bastante incapaz de ouvir pacientemente qualquer ideia nova. Acima de tudo, e na medida em que o mundo continue dividido entre nações militaristas

*Casamento e moral*

rivais, a substituição dos pais por instituições públicas na educação significa a intensificação do chamado patriotismo, ou seja, a disposição de tolerar o extermínio mútuo sem hesitação, sempre que os governos se sentirem inclinados a isso. Não há dúvida de que o chamado patriotismo representa o perigo mais ameaçador a que a civilização está exposta hoje, e qualquer coisa que aumente sua virulência deve ser mais temida que a doença, a peste e a fome. Os jovens, no momento, encontram-se divididos quanto à lealdade: de um lado, aos pais, de outro, ao Estado. Se acontecer de eles se tornarem leais somente ao Estado, existem sérias razões para temer que o mundo se tornará ainda mais opressivo do que é atualmente. Portanto, penso que, enquanto o problema do internacionalismo não for resolvido, o aumento do papel do Estado na educação e no cuidado das crianças apresenta riscos tão sérios que acabam por anular suas indiscutíveis vantagens.

Se, por outro lado, se estabelecesse um governo internacional capaz de substituir a força pela lei nas disputas entre as nações, a situação seria completamente diferente. Esse governo poderia decretar que as formas mais irracionais de nacionalismo não poderiam fazer parte do currículo educacional de nenhum país. Ele poderia exigir que a lealdade ao Superestado internacional deveria ser ensinada em todos os lugares, e que a visão internacionalista deveria ser inculcada no lugar da atual devoção à bandeira nacional. Nesse caso, embora o risco da uniformidade excessiva e da perseguição excessivamente violenta dos não conformistas ainda continuasse existindo, o risco de fomentar a guerra seria eliminado. Na verdade, o controle do Superestado sobre a educação representaria uma salvaguarda inegável contra a guerra. Parece que a conclusão a que chegamos é que a substituição do

169

pai pelo Estado significaria um ganho para a civilização se o Estado fosse internacional. Contudo, na medida em que o Estado é nacional e militarista, ele representa o aumento do risco para a civilização em razão da guerra. A família está se enfraquecendo rapidamente, e o internacionalismo está crescendo aos poucos. A situação, portanto, justifica os mais graves temores. Não obstante, ela não é desesperadora, já que o internacionalismo pode vir a crescer mais rápido no futuro do que o fez no passado. Felizmente, talvez, como não podemos predizer o futuro, temos o direito de esperar que ele possa representar um avanço com relação ao presente, mesmo que não possamos contar com isso.

# 16.
## *Divórcio*

Como instituição, o divórcio foi aceito na maioria das épocas e países por motivos específicos. Nunca se pretendeu que ele fosse uma alternativa à família monogâmica, mas simplesmente um alívio para o sofrimento quando, por motivos especiais, se sentia que a continuidade do casamento era insuportável. A legislação sobre o tema tem variado bastante em diferentes períodos e lugares, e ainda continua variando, mesmo dentro dos Estados Unidos, onde temos, num extremo, lugares em que não existe divórcio – como a Carolina do Sul – e, no extremo oposto, Nevada.[1] Num grande número de culturas não cristãs, é fácil para o marido conseguir o divórcio, e em algumas culturas a esposa também dispõe dessa facilidade. A lei mosaica permite que o marido dê uma carta de divórcio; a lei chinesa permitia o divórcio contanto que os bens que a esposa trouxera consigo ao se casar

---

1 Em Nevada, os motivos são abandono voluntário, condenação por delito grave ou crime abominável, embriaguez habitual evidente, impotência por ocasião do casamento que continua até o momento do divórcio, crueldade extrema, omissão de prover sustento durante um ano, loucura durante dois anos. Ver Briffault, *Sex in Civilization*, p.224.

lhe fossem devolvidos. Como o casamento é um sacramento, a Igreja Católica não permite o divórcio em hipótese alguma; na prática, porém, esse rigor é um pouco atenuado – especialmente quando os poderosos da Terra estão envolvidos – pelo fato de que existem inúmeros motivos para a anulação.[2] Nos países cristãos, a leniência com relação ao divórcio tem sido proporcional ao grau de protestantismo. Milton, como se sabe, escreveu em sua defesa, porque ele era protestante extremado. A Igreja Anglicana, no tempo em que ainda se considerava protestante, admitia o divórcio por adultério, mas por nenhum outro motivo. Hoje em dia, a grande maioria dos sacerdotes da Igreja Anglicana se opõe a todo tipo de divórcio. A Escandinávia tem leis tolerantes sobre o divórcio. O mesmo acontece na maior parte das regiões protestantes dos Estados Unidos. A Escócia é mais favorável ao divórcio que a Inglaterra. Na França, o anticlericalismo facilita o divórcio. Na União Soviética, o divórcio é permitido a pedido de uma das partes; porém, como não existem punições sociais nem legais ligadas ao adultério ou à bastardia, o casamento perdeu ali a importância que tem em outros lugares, pelo menos no que diz respeito às classes governantes.

Uma das coisas mais curiosas a respeito do divórcio é a diferença que geralmente existiu entre a lei e os costumes. Leis de divórcio mais tolerantes nem sempre geram um número exagerado de divórcios. Na China, antes das recentes rebeliões, o divórcio era quase desconhecido, pois, apesar do exemplo de Confúcio, ele não era considerado muito respeitável. A Suécia

---

2  Todos se lembram de que, no caso do duque e da duquesa de Marlborough, foi dito que o casamento era nulo porque ela tinha sido obrigada a se casar, e esse motivo foi considerado válido apesar do fato de que eles tinham vivido juntos durante anos e tinham filhos.

# Casamento e moral

permite o divórcio por consentimento mútuo, um motivo que nenhum estado norte-americano reconhece; no entanto, descubro que em 1922, o último ano para o qual tenho estatísticas comparáveis, o número de divórcios por 100 mil habitantes foi de 24 na Suécia e 136 nos Estados Unidos.[3] Penso que essa distinção entre lei e costumes é importante, pois, embora eu defenda uma lei relativamente leniente sobre o assunto, existem, no meu modo de ver – e na medida em que a família biparental continuar sendo a regra –, fortes razões pelas quais os costumes são contra o divórcio, exceto em casos até certo ponto extremos. Assumo esse ponto de vista porque não encaro o casamento como sendo principalmente uma parceria sexual, mas, acima de tudo, como um compromisso para colaborar na geração e na criação dos filhos. Como vimos nos capítulos anteriores, é possível, e mesmo provável, que esse tipo de casamento possa sucumbir sob o peso da intervenção de diferentes forças, das quais as econômicas são as principais. Entretanto, se isso viesse a ocorrer, o divórcio também sucumbiria, já que ele é uma instituição que depende da existência do casamento, para o qual ele fornece uma espécie de válvula de segurança. Nossa argumentação, portanto, acontecerá inteiramente dentro da estrutura da família biparental, considerada como regra.

Tanto protestantes como católicos geralmente encararam o divórcio não do ponto de vista do propósito biológico da família, mas do ponto de vista da concepção teológica do pecado. Como defendem que o casamento é indissolúvel aos olhos

---

3  Desde então o número total de divórcios e anulações na Suécia passou de 1.531, em 1923, para 1.966, em 1927, enquanto o índice por 100 mil casamentos passou de 13,4 para 15.

173

de Deus, os católicos sustentam automaticamente que, quando duas pessoas estão casadas, nenhuma delas pode, enquanto a outra estiver viva, ter relações pecaminosas com qualquer outra pessoa, independentemente do que possa acontecer no casamento. Na medida em que defendiam o divórcio, os protestantes agiam assim em parte por se oporem à doutrina católica dos sacramentos, e em parte também porque perceberam que a causa do adultério é a indissolubilidade do casamento; além disso, eles acreditavam que facilitar o divórcio tornaria a diminuição do adultério menos difícil. Por conseguinte, o que se constata é que nos países protestantes onde o casamento é facilmente dissolvido o adultério é encarado com imensa desaprovação, enquanto nos países que não reconhecem o divórcio, o adultério, embora considerado pecado, é tolerado, pelo menos no que diz respeito aos homens. Na Rússia czarista, onde o divórcio era extremamente difícil, ninguém tinha menos consideração por Gorki em razão de sua vida privada, não importa o que pensassem de suas posições políticas. Nos Estados Unidos, pelo contrário, onde ninguém fazia objeção a suas posições políticas, ele foi perseguido por razões de ordem moral, e nenhum hotel o aceitava como hóspede.

Nem o ponto de vista protestante nem o ponto de vista católico sobre o assunto podem ser racionalmente defendidos. Tomemos primeiro o ponto de vista católico. Imaginem que o marido ou a esposa enlouqueça depois de se casar; nesse caso, não é desejável que essa família portadora de loucura gere outros filhos, nem mesmo que qualquer filho que tenha nascido fique em contato com essa doença. Portanto, no interesse dos filhos, é desejável que eles sejam separados completamente dos pais, mesmo supondo que o genitor louco tem intervalos mais ou menos longos de lucidez. Decretar que, nesse caso, o parceiro sadio jamais será autorizado a manter qualquer relacionamento sexual legalmente aceito é uma crueldade injustificada que não atende a nenhum objetivo social. O parceiro sadio vê-se diante de uma escolha difícil. Ele pode decidir pela abstinência, que é o que a lei e a moral pública esperam; ou por manter relações ilícitas, provavelmente sem filhos; ou por aquilo que é chamado de viver abertamente em pecado, com ou sem filhos. Cada um dos três comportamentos implica sérias dificuldades. A abstinência total de sexo, sobretudo para alguém que já se acostumou a ele no casamento, é muito dolorosa. Em muitos casos, ela faz que o homem ou a mulher envelheça prematuramente. Não é improvável que ela provoque distúrbios nervosos, e, em todo caso, o esforço exigido tende a gerar um tipo de temperamento desagradável, apático e mal-humorado. O homem sempre corre o sério risco de perder o autocontrole de forma súbita, o que o leva a cometer atos de violência, pois, se ele está sinceramente convencido de que toda relação sexual fora do casamento é pecaminosa, é provável que, se de fato buscar esse tipo de relação, ele sinta que, já que vai ser punido, que seja por um motivo que valha a pena, e deixe de lado, portanto, todo tipo de freio moral.

A segunda alternativa — a saber, manter relações ilícitas sem filhos — é, na prática, a mais frequentemente adotada numa situação como essa. Também existem sérias objeções a essa prática. Tudo que é ilícito é indesejável, e relações sexuais sérias não conseguem desenvolver seu potencial ao máximo sem a existência de filhos e sem uma vida comum. Além do mais, se um homem ou uma mulher é jovem e cheio de vida, não é do interesse público dizer: "Você não vai mais ter filhos". E é menos ainda do interesse público dizer o que a lei de fato diz, a saber:

"Você não vai mais ter filhos, a menos que escolha uma lunática como mãe".

A terceira alternativa, a saber, viver "abertamente em pecado", é a menos prejudicial, tanto para o indivíduo como para a sociedade – onde ela é factível; porém, na maioria dos casos ela é inviável, por motivos econômicos. O médico ou advogado que tentasse viver abertamente em pecado perderia todos os pacientes ou clientes. O homem que estivesse empregado em qualquer setor da área acadêmica perderia seu cargo de imediato.[4] Mesmo que as condições econômicas não tornem impossível que se viva abertamente em pecado, a maioria das pessoas se sentirá intimidada pelas punições sociais. Os homens gostam de frequentar clubes e as mulheres gostam de receber visitas de outras mulheres. Ver-se privado desses prazeres é considerado, aparentemente, um grande sofrimento. Em consequência, viver abertamente em pecado é difícil, exceto para os ricos e para os artistas, escritores e outros tipos de pessoas cuja profissão torna fácil a vida numa sociedade mais ou menos boêmia.

Logo, em qualquer país que recuse o divórcio por motivo de insanidade, como faz a Inglaterra, o homem ou a mulher cuja esposa ou marido enlouquece fica numa situação insuportável – situação essa que é indefensável, a menos que se recorra à superstição teológica. E o que vale para a loucura vale também para as doenças venéreas, os desvios de conduta e o alcoolismo crônicos. Todos esses fatos destroem o casamento sob qualquer ponto de vista. Eles tornam o companheirismo impossível, a geração de filhos indesejável e a convivência do pai culpado com o

---

4 A menos que ele ensine numa das universidades mais tradicionais e mantenha relações próximas com um colega que foi ministro.

*Casamento e moral*

filho algo que deve ser evitado. Portanto, em casos como esses, só é possível se opor ao divórcio recorrendo ao argumento de que o casamento é uma armadilha por meio da qual os incautos são enganados para que, por meio do sofrimento, alcancem a purificação.

Quando é real, o abandono representa, é claro, um motivo para o divórcio, pois nesse caso a sentença apenas sanciona legalmente o que já é uma realidade, a saber, que o casamento chegou ao fim. Entretanto, do ponto de vista legal existe a inconveniência de que, se o abandono for motivo de divórcio, recorrer-se-á a ele com muito mais frequência do que se não for. O mesmo tipo de dificuldade surge com relação a diversos motivos que são, em si mesmos, perfeitamente válidos. Muitos casais têm um desejo tão grande de se separar que irão recorrer a qualquer expediente previsto na lei. Quando, como ocorria antigamente na Inglaterra, o homem tinha de ser considerado culpado de crueldade e de adultério para se divorciar, não era incomum que o marido combinasse com a esposa de agredi-la diante dos empregados, para que a prova de crueldade ficasse evidente. Se é conveniente que duas pessoas que desejam ardentemente se separar sejam obrigadas a suportar a companhia uma da outra devido à coerção legal, isso já é outra história. Porém, sendo bem objetivo, é preciso reconhecer que, sejam quais forem os motivos que permitam o divórcio, eles serão estendidos ao máximo, e que muitas pessoas irão se comportar assim de propósito para ter acesso a eles. Não obstante, deixemos de lado os empecilhos legais e continuemos a examinar as circunstâncias que, de fato, tornam indesejável a continuidade do casamento.

Em si, o adultério não deveria ser, a meu ver, motivo de divórcio. A menos que as pessoas sejam prisioneiras de inibições ou de escrúpulos morais inabaláveis, é muito improvável que elas passem pela vida sem sentir de vez em quando um forte desejo de cometer adultério. Contudo, esses desejos não implicam, de maneira nenhuma, que o casamento não atende mais a seus objetivos. Ainda pode existir uma paixão ardente entre o marido e a mulher e um enorme desejo de continuar casados. Imaginemos, por exemplo, que o homem tenha de se ausentar do lar a negócios durante vários meses, sem interrupção. Se estiver em pleno vigor físico, será difícil manter a abstinência esse tempo todo, por mais que goste da esposa. O mesmo se aplicará à esposa, caso não esteja totalmente convencida de que a moral tradicional está correta. Nessas circunstâncias, a infidelidade não deve criar nenhuma barreira à felicidade posterior; e, na verdade, ela não cria, sempre que o marido e a esposa não considerem indispensável ceder a excessos melodramáticos de ciúme. Podemos ir além e dizer que cada uma das partes deve ser capaz de suportar esses caprichos passageiros que sempre podem acontecer, desde que o sentimento principal permaneça intacto. A psicologia do adultério foi distorcida pela moral tradicional, que, nos países monogâmicos, pressupõe que a atração por uma pessoa não pode coexistir com um sentimento profundo por outra. Embora todo mundo saiba que isso é falso, todos estão sujeitos, influenciados pelo ciúme, a recorrer a essa falsa teoria, fazendo uma tempestade em copo d'água. Portanto, o adultério não é motivo suficiente para o divórcio, salvo quando implica uma preferência deliberada por outra pessoa em termos gerais, em detrimento do marido ou da esposa, conforme o caso.

Ao dizer isso, pressuponho, é claro, que a relação sexual adúltera não produzirá filhos. Quando filhos ilegítimos entram em

*Casamento e moral*

cena, a questão fica muito mais complexa. É o que acontece sobretudo quando os filhos são da esposa, pois, nesse caso, se o casamento continua existindo, o marido se vê diante da necessidade de admitir que o filho de outro homem seja criado junto com os seus, e (caso se queira evitar o escândalo) até mesmo como se fosse seu próprio filho. Isso vai contra o princípio fundamental do casamento, além de implicar uma pressão involuntária quase insuportável. Por esse motivo, no tempo em que não existiam contraceptivos talvez o adultério merecesse a importância que lhe era atribuída; entretanto, os contraceptivos tornaram muito mais prático que antes separar o relacionamento sexual enquanto tal do casamento como parceria fecunda. Por essa razão, hoje podemos atribuir uma importância muito menor ao adultério que aquela que lhe é atribuída pelas convenções tradicionais.

Existem dois tipos de motivos que podem tornar o divórcio conveniente: os que se devem aos defeitos de uma das partes, como a loucura, o alcoolismo e a conduta imprópria; e os decorrentes das relações conjugais. Pode acontecer que, sem que haja culpa de nenhuma das partes, seja impossível para o casal conviver amigavelmente ou sem fazer um enorme sacrifício. Pode acontecer que tenham um trabalho importante a ser feito, e que esse trabalho exija que eles morem em lugares diferentes. Pode acontecer que um deles, sem deixar de gostar do outro, fique profundamente ligado a outra pessoa, tão profundamente a ponto de sentir que o casamento representa um vínculo insuportável. Nesse caso, se não houver nenhum socorro legal, é inevitável o surgimento do ódio. Realmente, como é do conhecimento de todos, é bem possível que casos como esses acabem em morte. Quando o casamento fracassa devido à incompatibilidade ou a uma paixão arrebatadora de um dos parceiros por outra pessoa, não deveria existir, como existe hoje, a decisão de atribuir a culpa a alguém. Por essa razão, nesses casos o melhor motivo para o divórcio é o consentimento mútuo. Só devem ser exigidos outros motivos quando o fracasso do casamento se deve a algum defeito evidente de um dos parceiros.

É muito difícil elaborar leis relacionadas ao divórcio porque, independentemente do que conste na lei, os juízes e os jurados acabam sendo dominados por suas paixões, enquanto os maridos e as esposas fazem de tudo para se aproveitar das intenções do legislador. Embora no direito anglo-saxão não se possa obter o divórcio quando existe algum tipo de acordo entre o marido e a esposa, todos sabem que, na prática, esse acordo muitas vezes existe. No estado de Nova York, é comum ir mais além, chegando-se ao ponto de contratar alguém para dar um falso testemunho que comprove o adultério legal. A crueldade é, teoricamente, um motivo mais que suficiente para o divórcio, mas sua interpretação pode se tornar absurda. Quando o mais célebre astro de cinema se divorciou da esposa sob a acusação de crueldade, um dos exemplos que comprovavam tal ato era que ele costumava receber amigos em casa para conversar sobre Kant. É difícil imaginar que os legisladores da Califórnia tivessem a intenção de permitir que a mulher se divorciasse do marido com base na acusação de que ele era culpado por manter às vezes uma conversa inteligente em sua presença. O único modo de evitar confusões, subterfúgios e absurdos como esses é fazer que o divórcio ocorra por consentimento mútuo em todos os casos em que não exista um motivo definitivo e demonstrável, como a loucura, que justifique a vontade unilateral de se divorciar. As partes teriam, então, de fazer todos os acertos

*Casamento e moral*

financeiros fora dos tribunais, e nenhuma delas precisaria contratar espertalhões para provar que o outro é um monstro de iniquidade. Devo acrescentar que a anulação do casamento, que hoje é decretada quando o relacionamento sexual é impossível, deveria, em vez disso, ter sua aplicação garantida sempre que o casamento fosse infecundo. Ou seja, se um casal que não tem filhos deseja se separar, eles devem poder fazê-lo mediante a apresentação de um certificado médico que comprove que a esposa não está grávida. Como o propósito do casamento são os filhos, manter as pessoas presas a um casamento sem filhos representa uma mentira cruel.

Isso quanto à *legislação* sobre o divórcio; os *costumes* são outros quinhentos. Como vimos, é possível que a legislação facilite o divórcio e, apesar disso, os costumes o tornem raro. Penso que o grande número de divórcios nos Estados Unidos decorre em parte do fato de que as pessoas buscam no casamento algo que não deveriam buscar, e isso, por sua vez, se deve em parte ao fato de que o adultério não é tolerado. O casamento deve ser uma parceria que ambas as partes pretendam manter pelo menos até os filhos chegarem à juventude, não algo que qualquer das partes considere que deva estar à mercê de namoros passageiros. Se esses namoros passageiros não são aceitos pela opinião pública ou pela consciência dos envolvidos, cada um deles é obrigado a desembocar no casamento. Isso pode chegar ao ponto de destruir totalmente a família biparental, pois se a mulher tiver um novo marido a cada dois anos, e um filho novo de cada um, os filhos, na verdade, serão privados do pai, e o casamento, portanto, perderá sua razão de ser. Voltamos ao apóstolo Paulo: como na Primeira Epístola aos Coríntios, o casamento nos Estados Unidos é concebido como uma alternativa à fornicação;

em consequência, sempre que o homem corre o risco de fornicar se não conseguir se divorciar, ele deve se divorciar.

Quando a concepção do casamento está relacionada aos filhos, uma ética completamente diferente entra em cena. Assim, caso os pais sintam algum amor pelos filhos, eles irão controlar sua conduta de modo a proporcionar aos filhos a melhor oportunidade possível de um desenvolvimento feliz e saudável. Isso pode implicar, às vezes, uma grande dose de autocontrole, além de exigir, sem dúvida, que ambos se deem conta de que os direitos dos filhos vêm antes de seus próprios sentimentos românticos. Tudo isso, porém, acontecerá por si só e de maneira bastante natural quando o amor dos pais for verdadeiro e uma falsa ética não estimular o ciúme. Alguns dizem que, se o marido e a esposa já não se amam apaixonadamente e se um não impede que o outro tenha experiências sexuais fora do casamento, é impossível que eles colaborem de maneira adequada na educação dos filhos. Assim, diz o sr. Walter Lippmann: "Cônjuges que não se amam não irão realmente cooperar, como o sr. Bertrand Russell pensa que deveriam, no nascimento dos filhos; eles estarão aflitos, carentes e, pior de tudo, simplesmente cumprirão seus deveres".[5] É claro que casais que não se amam não colaboram no *nascimento* dos filhos; mas os filhos não nascem prontos, como o sr. Walter Lippmann parece sugerir. E colaborar na *criação* dos filhos, mesmo depois que a paixão diminuiu, não é, de maneira nenhuma, uma tarefa sobre-humana para pessoas sensíveis capazes de demonstrações espontâneas de afeto. Isso eu posso confirmar a partir de um grande número de casos que conheço. Dizer que esses pais irão "simplesmente cumprir

---

5 Lippmann, *A Preface to Morals*, p.308.

## Casamento e moral

seu dever" é ignorar o fervor do amor parental – um fervor que, quando é autêntico e forte, preserva um vínculo inquebrantável entre marido e esposa muito depois de a atração física ter diminuído. Somos levados a imaginar que o sr. Lippmann nunca ouviu falar da França, onde a família é saudável e os pais cumprem rigorosamente seus deveres, apesar da liberdade excepcional em matéria de adultério. O sentimento familiar é extremamente frágil nos Estados Unidos, e a frequência do divórcio é uma consequência desse fato. Onde existe um sólido sentimento familiar, o divórcio é comparativamente mais raro, mesmo que seja acessível em termos legais. O divórcio acessível, tal como existe nos Estados Unidos, deve ser considerado uma etapa de transição entre a família biparental e a família puramente maternal. Trata-se, no entanto, de uma etapa que provoca um enorme sofrimento nos filhos, já que, no mundo atual, como esperam ter um pai e uma mãe, os filhos podem ficar apegados ao pai antes que o divórcio aconteça. Na medida em que a norma aceita continua sendo a família biparental, parece-me que os pais que se divorciam, exceto por um motivo grave, não estão cumprindo com seu dever parental. Não creio que seja provável que a obrigação legal de continuar casado solucione a questão. O que me parece necessário é, primeiro, um grau de liberdade mútua que torne o casamento mais suportável; e, em segundo lugar, a percepção da importância dos filhos que ficou encoberta pela ênfase dada ao sexo, algo que devemos ao apóstolo Paulo e ao movimento romântico.

Parece que chegamos à conclusão de que, embora seja extremamente difícil obter o divórcio em inúmeros países, entre os quais a Inglaterra, o acesso fácil a ele não oferece uma real solução do problema do casamento. Se for para o casamento

*183*

continuar existindo, é importante que, no interesse dos filhos, ele seja estável; porém, será mais fácil buscar essa estabilidade diferenciando-se o casamento das meras relações sexuais e enfatizando o aspecto biológico do amor matrimonial em contraposição a seu aspecto romântico. Não estou dizendo que o casamento possa deixar de implicar responsabilidades sérias. É verdade que, embora no sistema por mim recomendado os homens estejam livres do dever de fidelidade sexual ao cônjuge, em troca eles têm o dever de controlar o ciúme. A boa vida não pode ser vivida sem autocontrole; porém, é melhor controlar um sentimento restritivo e belicoso como o ciúme que um sentimento generoso e expansivo como o amor. A moral tradicional não errou ao exigir o autocontrole, mas ao exigi-lo no lugar errado.

# 17.
# *População*

O principal objetivo do casamento é repor a população humana mundial. Alguns sistemas de casamento desempenham essa tarefa de maneira inadequada; outros, de maneira excessivamente adequada. É desse ponto de vista que eu gostaria de examinar a moral sexual no presente capítulo.

Num estado de natureza, os mamíferos maiores precisam de uma área considerável por animal para viver. Consequentemente, a população total de qualquer espécie de mamífero selvagem de grande porte é pequena. A população de carneiros e vacas é considerável, mas isso se deve à intervenção humana. A população de seres humanos é completamente desproporcional à de qualquer outro mamífero de grande porte. Isso se deve, é claro, à nossa habilidade. A invenção do arco e da flecha, a domesticação dos ruminantes, os primórdios da agricultura e a Revolução Industrial, tudo isso aumentou o número de pessoas capazes de sobreviver num quilômetro quadrado. Como as estatísticas revelam, o último desses avanços econômicos foi utilizado com esse objetivo; é bem provável que os outros também tenham sido. A inteligência humana tem sido utilizada mais para aumentar a superioridade numérica da espécie que para qualquer outro objetivo isolado.

É verdade que, como observou o sr. Carr-Saunders, a regra geral tem sido a população permanecer praticamente estável, e um aumento tal como o ocorrido no século XIX é um fenômeno excepcional. Podemos imaginar que aconteceu algo semelhante no Egito e na Babilônia quando eles passaram a utilizar irrigação e agricultura intensiva. Contudo, parece que não aconteceu nada parecido nos tempos históricos. Todas as estimativas populacionais anteriores ao século XIX são extremamente hipotéticas, mas todas concordam nesse ponto. Portanto, um rápido crescimento populacional é um fenômeno raro e excepcional. Se, como parece ser o caso, a população tende outra vez agora a se estabilizar na maioria dos países civilizados, isso significa apenas que elas superaram uma condição anormal e retomaram a prática costumeira da humanidade.

O grande mérito do livro do sr. Carr-Saunders sobre a população está em destacar que a limitação voluntária foi praticada em quase todas as épocas e lugares, tendo sido mais eficaz para preservar a estabilidade populacional que a eliminação por meio da mortalidade alta. É possível que sua argumentação tenha um certo exagero. Na Índia e na China, por exemplo, a alta taxa de mortalidade parece ser o principal fator que impede o rápido crescimento populacional. Embora faltem estatísticas na China, na Índia elas existem. Ainda que a taxa de natalidade seja altíssima, a população, como ressalta o próprio sr. Carr-Saunders, aumenta um pouquinho mais devagar que a população inglesa. Isso se deve principalmente à mortalidade infantil, às epidemias e a outras doenças graves. Creio que a China apresentaria um mesmo estado de coisas se houvesse estatísticas disponíveis. No

*Casamento e moral*

entanto, apesar dessas exceções importantes, não há dúvida de que a tese do sr. Carr-Saunders está, no geral, correta. Diversos métodos de controle populacional têm sido praticados. O mais simples deles é o infanticídio, que existiu em escala bastante ampla em todos os lugares em que a religião permitiu. A prática às vezes estava tão solidamente enraizada que, ao aceitar o cristianismo, os homens estipulavam que ele não deveria interferir com o infanticídio.[1] Os dukhobors, que entraram em conflito com o governo czarista porque se recusaram a prestar serviço militar alegando que a vida humana é sagrada, em seguida entraram em conflito com o governo canadense por se inclinarem à prática do infanticídio. Não obstante, outros métodos também têm sido comuns. Entre muitos povos, a mulher deixa de ter relações sexuais não somente durante a gravidez, mas também durante a amamentação, que muitas vezes se prolonga por dois ou três anos. Isso inevitavelmente reduz sua fertilidade de maneira bastante considerável, em especial entre os selvagens, que envelhecem muito mais cedo que os povos civilizados. Os aborígenes australianos executam uma operação extremamente dolorosa que reduz muitíssimo a potência masculina e diminui de maneira acentuada a fertilidade. Como relata o Gênesis,[2] ao menos um método explícito de controle de natalidade era conhecido e praticado na Antiguidade, embora não contasse com a aprovação dos judeus, cuja religião sempre foi muito antimalthusiana. Por meio do uso desses diversos artifícios, os homens

---

1 Isso aconteceu, por exemplo, na Islândia. Carr-Saunders, *Population*, p.19.
2 Gn 38,9-10.

escapavam das mortandades pela fome que teriam ocorrido se tivessem usado sua fertilidade ao máximo.

Apesar disso, a fome foi um elemento importante para manter a população em níveis baixos; talvez não tanto quanto nas condições realmente primitivas como as existentes em sociedades camponesas agrícolas de tipo não muito avançado. A fome na Irlanda em 1846-1847 foi tão rigorosa que o nível populacional nunca mais conseguiu chegar nem perto do que era antes. As fomes na Rússia têm sido frequentes, e a de 1921 ainda está fresca na memória de todos. Quando estive na China em 1920, partes consideráveis do país estavam sofrendo de uma fome quase tão rigorosa como seria a fome russa do ano seguinte; porém, como seus infortúnios não podiam ser atribuídos ao comunismo, as vítimas atraíram menos simpatia que as do Volga. Esses dados demonstram que às vezes a população aumenta até chegar ao limite de subsistência, e mesmo além dele. No entanto, isso acontece sobretudo quando as flutuações tendem a diminuir de maneira drástica e repentina a quantidade de comida.

Nos lugares em que foi aceito, o cristianismo pôs fim a todos os obstáculos ao crescimento populacional, com exceção da abstinência. O infanticídio, naturalmente, foi proibido; o mesmo aconteceu com o aborto e com todas as medidas contraceptivas. Embora seja verdade que os sacerdotes, os monges e as freiras fossem celibatários, não creio que eles representassem um percentual tão grande da população da Europa medieval como o percentual que as mulheres solteiras representam hoje na Inglaterra. Eles não são, portanto, um obstáculo estatisticamente muito relevante à fertilidade. Por conseguinte, comparado à Antiguidade, na Idade Média talvez tenha havido um número maior de mortes provocadas pela pobreza e pela peste.

*Casamento e moral*

A população crescia muito devagar. O século XVIII foi marcado por um índice de crescimento um pouco superior; com o advento do século XIX, porém, uma mudança extraordinária aconteceu, e o índice de crescimento atingiu um nível provavelmente nunca antes alcançado. Calcula-se que em 1066 a Inglaterra e Gales tinham 26 pessoas por milha quadrada. Em 1801 esse número tinha subido para 153; em 1901, para 561. Assim, o crescimento absoluto durante o século XIX é quase quatro vezes tão grande como o crescimento da conquista normanda até o início do século XIX. E, na verdade, o aumento populacional da Inglaterra e de Gales não dá uma imagem correta da realidade, pois durante esse período os britânicos estavam povoando regiões extensas do mundo até então habitadas por um punhado de selvagens.

Não existem muitos motivos para atribuir esse aumento populacional a um aumento da taxa de natalidade. Ele deve ser atribuído, antes, a um declínio da taxa de mortalidade, devido em parte ao avanço da medicina, mas penso que muito mais ao nível crescente de prosperidade trazido pela Revolução Industrial. De 1841, quando começou a ser registrada na Inglaterra, a 1871-1875, a taxa de natalidade permaneceu praticamente inalterada, alcançando, nesta última fase, o pico de 35,5. Aconteceram duas coisas nesse período. A primeira foi a Lei de Educação de 1870; a segunda, a instauração de um processo contra Bradlaugh em 1878 por propaganda neomalthusiana. Percebe-se, portanto, que a taxa de natalidade declina a partir daquele momento, no início lentamente e depois de forma catastrófica. A Lei de Educação forneceu o motivo inicial, uma vez que as crianças não representavam mais um investimento tão lucrativo assim; e Bradlaugh forneceu a forma. No quinquênio entre

*Bertrand Russell*

1911-1915, a taxa de natalidade havia caído para 23,6; no primeiro trimestre de 1929, para 16,5. Embora a população inglesa ainda continue crescendo em razão dos avanços da medicina e da política de saneamento, ela está se aproximando rapidamente de um quadro de estabilidade.[3] A população da França, como todos sabem, tem permanecido estável há bastante tempo.

A queda da taxa de natalidade tem sido bastante rápida e tem acontecido praticamente em toda a Europa Ocidental. As únicas exceções são os países atrasados como Portugal. Ela é mais acentuada nas comunidades urbanas que nas rurais. Embora tenha começado entre os ricos, está presente hoje em todas as classes, nas cidades e nas áreas industriais. A taxa de natalidade ainda é mais alta entre os pobres que entre os ricos, mas é mais baixa hoje nos bairros mais pobres de Londres do que era dez anos atrás nos mais ricos. Como todos sabem (embora alguns não admitam), essa queda se deve ao uso de contraceptivos e ao aborto. Não existe nenhuma razão especial que indique que a queda deve parar no momento em que a população ficar estável. Ela pode prosseguir até que a população comece a diminuir, e, até onde se sabe, o resultado final pode ser, na prática, o desaparecimento dos povos mais civilizados.

Antes de poder discutir o problema de forma produtiva, é preciso deixar claro o que queremos. Existe, em qualquer circunstância determinada da técnica econômica, aquilo que Carr-Saunders chama de densidade populacional ótima, ou seja, a densidade que proporciona a maior renda *per capita*. Se a população cai abaixo desse nível ou sobe acima dele, o nível geral de

---

3   No primeiro trimestre de 1929 ela diminuiu, mas isso deve ser atribuído à epidemia de gripe. Ver *Times*, 27 maio 1929.

*Casamento e moral*

bem-estar econômico diminui. Em termos gerais, todo avanço da técnica econômica aumenta a densidade populacional ótima.

No estágio da caça, uma pessoa por milha quadrada é razoavelmente adequado, enquanto num país industrializado avançado uma população de centenas de pessoas por milha quadrada talvez não seja um exagero. Temos motivo para pensar que a Inglaterra, desde a guerra, esteja com um excesso populacional. O mesmo não se pode dizer da França, e menos ainda dos Estados Unidos. Mas não é provável que a França ou, na verdade, qualquer país da Europa Ocidental, *aumentaria* sua riqueza média por meio do crescimento populacional. Sendo assim, não existe nenhum motivo, do ponto de vista econômico, para desejar que a população aumente. Aqueles que desejam esse aumento em geral são influenciados pelo nacionalismo militarista; além disso, eles não pretendem que esse aumento populacional seja permanente, já que deverá ser eliminado assim que iniciarem a guerra pela qual anseiam. Na verdade, portanto, a posição deles é esta: é melhor reduzir a população dizimando-a nos campos de batalha que fazendo uso de contraceptivos. Esse ponto de vista não pode ser levado em conta por qualquer um que tenha refletido seriamente sobre o assunto, e aqueles que o defendem o fazem apenas porque não têm nada na cabeça. À parte os argumentos relacionados à guerra, temos todos os motivos para nos alegrar com o fato de que o conhecimento dos métodos de controle da natalidade esteja levando à estabilidade populacional dos países civilizados.

No entanto, o caso seria muito diferente se a população realmente fosse diminuir, pois, quando não é estancada, a redução populacional significa a extinção total, e não queremos assistir ao desaparecimento dos povos mais civilizados do planeta.

Portanto, o uso de contraceptivos só deve ser bem-vindo se forem tomadas medidas para conservá-lo dentro de certos limites que mantenham a população mais ou menos no nível atual. Não penso que haja qualquer dificuldade nisso. Os motivos para se limitar a família são sobretudo – embora não inteiramente – de natureza econômica; além disso, a taxa de natalidade poderia ser ampliada reduzindo-se as despesas com os filhos, ou, caso isso se mostrasse necessário, tornando-os uma real fonte de renda para os pais. Todavia, qualquer medida desse tipo seria extremamente perigosa com o nacionalismo hoje existente, já que seria utilizada como uma forma de assegurar a hegemonia militar. É possível imaginar todas as principais nações militaristas acrescentando à corrida armamentista uma corrida pela procriação com o *slogan*: "O canhão precisa de bucha". Nesse caso, nos vemos uma vez mais diante da necessidade imperiosa de um governo internacional, se quisermos que a civilização sobreviva. Para que seja eficaz na preservação da paz mundial, esse governo precisa aprovar leis que limitem a taxa de crescimento populacional de qualquer nação militarista. A animosidade entre Austrália e Japão ilustra a gravidade do problema. A população do Japão cresce muito rápido e a da Austrália (à parte a imigração), mais lentamente. Isso provoca uma animosidade com a qual é muito difícil lidar, já que, aparentemente, princípios justos podem ser invocados por ambos os lados da disputa. Creio que se pode supor que, antes de haver transcorrido muito tempo, a taxa de natalidade na Europa Ocidental e nos Estados Unidos estará num nível tal que fará que não haja nenhum aumento populacional, a menos que o governo adote medidas decisivas com esse objetivo. Entretanto, não se pode esperar que os países militarmente mais poderosos fiquem impassíveis enquanto

*Casamento e moral*

outros países invertem a balança de poder pelo simples processo da procriação. Portanto, qualquer autoridade internacional que queira cumprir sua tarefa adequadamente será obrigada a insistir na propaganda do controle de natalidade em toda nação recalcitrante. A menos que isso seja feito, não haverá garantia de paz mundial.

Assim, o problema da população é duplo. Temos de nos precaver contra o crescimento populacional excessivamente rápido e também contra o decréscimo populacional. O primeiro perigo é antigo, estando presente em muitos países como Portugal, Espanha, Rússia e Japão. O segundo é novo, e até o momento só existe na Europa Ocidental. Ele também existiria nos Estados Unidos se esse país dependesse unicamente dos nascimentos para aumentar sua população; até o momento, porém, a imigração tem feito que a população dos Estados Unidos aumente pelo menos tão rapidamente como o desejável, apesar de a taxa de natalidade entre os americanos nativos ser bastante baixa. O novo perigo, que a população encolha, é algo a que nossos hábitos ancestrais de pensar não estão adaptados. Ele tem sido enfrentado por meio de sermões edificantes e leis contra a propaganda do controle de natalidade. Como as estatísticas demonstram, tais métodos são totalmente ineficazes. O uso de contraceptivos tornou-se parte das práticas comuns de todas as nações civilizadas, e não pode ser erradicado. O hábito de não encarar a realidade quando se trata de sexo está tão profundamente arraigado nos governos e nas pessoas importantes que não se pode esperar que ele cesse de repente. De qualquer modo, trata-se de um hábito bastante deplorável, mas penso que podemos ter a expectativa de que, quando os jovens de hoje forem guindados a cargos de importância, eles se sairão melhor nesse aspecto que seus pais e avôs. Podemos esperar que eles reconheçam sinceramente que os métodos anticoncepcionais são inevitáveis e que, na medida em que não provoquem uma diminuição efetiva da população, são desejáveis. O procedimento adequado para qualquer país que esteja ameaçado por uma diminuição real da população é reduzir temporariamente o peso financeiro dos filhos até chegar ao ponto em que a taxa de natalidade seja capaz de manter o nível populacional existente.

Em relação a isso, existe um aspecto no qual nosso atual código moral pode ser modificado de forma vantajosa. Existem na Inglaterra cerca de 2 milhões de mulheres a mais que homens, e elas estão condenadas pela lei e pelos costumes a não ter filhos, o que para muitas certamente representa uma grande privação. Se os costumes tolerassem a mãe solteira e tornassem sua condição suportável, não há dúvida de que um grande número de mulheres hoje condenadas ao celibato teriam filhos. A monogamia absoluta baseia-se no pressuposto de que a quantidade de pessoas de ambos os sexos será aproximadamente a mesma. Quando não é isso que acontece, ela implica uma enorme crueldade com aquelas a quem a aritmética obriga a permanecer solteiras. Além disso, quando existe um motivo para desejar o aumento da taxa de natalidade, essa crueldade pode ser indesejável tanto do ponto de vista social como pessoal.

À medida que o nível de consciência aumenta, torna-se cada vez mais possível controlar, por meio de uma ação deliberada do governo, forças que até então se pareciam a forças da natureza. O crescimento populacional é uma delas. Desde o surgimento do cristianismo, ele tem sido confiado à iniciativa cega do instinto. Contudo, aproxima-se rapidamente o momento em que ele terá de ser controlado de forma deliberada. Nessa questão,

*Casamento e moral*

entretanto, como antes com relação ao controle da infância pelo Estado, já constatamos que, para ser benéfica, a interferência estatal deverá ser feita por um Estado internacional, não pelos Estados militaristas rivais dos dias de hoje.

# 18.
## *Eugenia*

Eugenia é a tentativa de aperfeiçoar a natureza biológica de uma espécie por meio de métodos adotados deliberadamente com esse objetivo. Ela se baseia em ideias darwinianas, e, de forma muito apropriada, o presidente da Sociedade de Eugenia é filho de Charles Darwin; entretanto, o precursor mais imediato das ideias eugênicas foi Francis Galton, que deu uma enorme ênfase ao fator hereditário no desempenho humano. Atualmente, em especial nos Estados Unidos, a hereditariedade transformou-se numa questão partidária. Os conservadores norte-americanos sustentam que a formação da personalidade da pessoa adulta é resultado principalmente de características congênitas, enquanto, por sua vez, os radicais norte-americanos sustentam que a educação representa tudo e a hereditariedade, nada. Não posso concordar com nenhuma dessas posições extremadas, nem com a premissa que elas partilham e que dá origem a seus preconceitos opostos, a saber, que italianos, eslavos do Sul e assemelhados são inferiores, como produtos acabados, ao norte-americano nativo da Ku Klux Klan. Com relação à capacidade mental do ser humano, não existem até o momento dados que estabeleçam a parcela que pode ser atribuída à hereditariedade e a que pode ser atribuída à educação. Para se chegar a uma conclusão científica sobre o tema, seria necessário pegar milhares de pares de gêmeos idênticos, separá-los no nascimento e educá-los do modo mais diferente possível. No momento, contudo, essa experiência não é viável. Minha própria convicção – a qual, admito, não é científica e se baseia apenas em impressões – é que, embora qualquer um possa ser prejudicado por uma educação de má qualidade, e, na verdade, quase todo mundo é, somente as pessoas com determinadas aptidões inatas podem alcançar um nível superior de excelência em diversas áreas. Não acredito que nenhuma carga educacional transformaria um garoto comum num excelente pianista; não acredito que a melhor escola do mundo possa transformar nós todos em Einsteins; não acredito que Napoleão não tivesse dons inatos superiores aos dos colegas de classe de Brienne e que simplesmente tivesse aprendido estratégia observando a mãe cuidar de uma bando de crianças levadas. Estou convencido de que nesses casos – e, em menor grau, em todos os casos que envolvem capacidade – existe uma aptidão inata que faz que a educação produza melhores resultados que os alcançados com um material comum. Existem, de fato, verdades evidentes que apontam para essa conclusão, como o fato de geralmente ser possível dizer se o indivíduo é inteligente ou imbecil pelo formato da cabeça, o que dificilmente pode ser considerado uma característica conferida pela educação. Além disso, considerem o extremo oposto, o da idiotia, da imbecilidade e da deficiência mental grave. Nem mesmo o mais fanático opositor da eugenia nega que a idiotia é, pelo menos na maioria dos casos, congênita, e, para qualquer pessoa que aprecie a simetria estatística, isso implica que na extremidade oposta haverá uma porcentagem

Casamento e moral

correspondente de pessoas com uma capacidade acima da média. Portanto, sem mais delongas, partirei do princípio de que os seres humanos se diferenciam quanto à capacidade mental congênita. Pressuporei também, o que talvez seja mais duvidoso, que pessoas inteligentes são preferíveis a seus opostos. Uma vez aceitos esses dois pontos, estão lançados os fundamentos de defesa dos eugenistas. Não devemos, portanto, desconsiderar inteiramente essa posição, independentemente do que pensemos de algumas características de certos defensores da eugenia. Uma quantidade enorme de absurdos tem sido escrita sobre o tema da eugenia. A maioria de seus defensores acrescenta a sua sólida base biológica determinadas afirmações sociológicas de natureza menos incontestável. São elas: que a virtude é proporcional à renda; que o legado da pobreza (infelizmente, muito comum) é um fenômeno biológico, não legal; e que, portanto, se pudéssemos induzir os ricos a se procriar em vez dos pobres, todo mundo seria rico. Faz-se um enorme estardalhaço em torno do fato de que os pobres procriam mais que os ricos. Não consigo considerar esse fato como algo muito decepcionante, já que não vejo nenhuma evidência de que os ricos sejam, de alguma forma, superiores aos pobres. Mesmo que isso fosse deplorável, não seria um motivo muito sério de decepção, já que, na verdade, a defasagem é de apenas alguns anos. A taxa de natalidade diminui entre os pobres, e é tão baixa agora entre eles como era há nove anos entre os ricos.[1] É verdade que existem determinados fatores que produzem uma taxa de natalidade diferencial de tipo indesejável. Por exemplo, quando os governos

---

1 Ver Wolf, *Die neue Sexualmoral und das Geburtenproblem unserer Tage*, p.165-7.

e as autoridades policiais colocam obstáculos à obtenção de informação sobre controle de natalidade, o resultado é que as pessoas cuja inteligência está abaixo de um determinado nível deixam de adquirir esse tipo de informação, enquanto com as outras os esforços das autoridades são inúteis. Consequentemente, toda oposição à divulgação de informações relacionadas aos contraceptivos faz que pessoas estúpidas tenham famílias maiores que pessoas inteligentes. Apesar disso, é provável que esse fator seja extremamente passageiro, já que em breve mesmo as pessoas mais estúpidas terão tido acesso a informação sobre controle de natalidade ou − o que, temo, seja uma consequência razoavelmente corriqueira do obscurantismo das autoridades − terão encontrado pessoas dispostas a realizar um aborto.[2]

Existem dois tipos de eugenia, a positiva e a negativa. A primeira se preocupa em estimular as linhagens saudáveis; a última, em desestimular as defeituosas. No momento, esta última é mais factível. Na verdade, ela fez grandes avanços em certos estados norte-americanos, assim como a esterilização de incapazes faz parte da prática política imediata na Inglaterra. Creio que as objeções a essa medida, que todos naturalmente têm, não se justificam. Como se sabe, mulheres deficientes mentais tendem a ter uma quantidade enorme de filhos ilegítimos, todos, via de regra, completamente inúteis para a sociedade. Essas

---

2 Segundo Wolf (op. cit., p.6ss.), o aborto tem uma participação maior na queda da taxa de natalidade alemã que os contraceptivos. Ele calcula que sejam realizados atualmente 600 mil abortos voluntários por ano na Alemanha. É mais difícil chegar a uma estimativa para a Grã-Bretanha, devido ao fato de que os abortos espontâneos não são registrados; mas existem razões para acreditar que numerosas estatísticas não sejam muito diferentes das da Alemanha.

*Casamento e moral*

mulheres seriam mais felizes se fossem esterilizadas, uma vez que não é um instinto de amor pelos filhos que as leva a engravidar. O mesmo, naturalmente, se aplica aos homens com deficiência mental. Existem, é verdade, sérios riscos nesse sistema, já que as autoridades podem facilmente vir a considerar qualquer opinião diferente ou qualquer oposição a elas próprias como sinal de deficiência mental. Apesar disso, vale a pena correr esses riscos, uma vez que é bastante evidente que se poderia reduzir em termos consideráveis a quantidade de idiotas, imbecis e deficientes mentais por meio dessas medidas.

Em minha opinião, as medidas de esterilização deveriam se limitar estritamente às pessoas que são *mentalmente* deficientes. Não sou favorável a leis como as de Idaho, que permitem a esterilização de "deficientes mentais, epilépticos, criminosos contumazes, degenerados morais e pervertidos sexuais". Nesse caso, as duas últimas categorias são muito vagas, e serão definidas de maneira distinta em diferentes sociedades. A legislação de Idaho teria justificado a esterilização de Sócrates, Platão, Júlio César e do apóstolo Paulo. Além disso, existe uma grande possibilidade de que o criminoso contumaz seja vítima de um distúrbio nervoso funcional que poderia, pelo menos teoricamente, ser curado por meio da psicanálise, e que pode muito bem não ser hereditário. Tanto na Inglaterra como nos Estados Unidos as leis sobre esses assuntos são elaboradas sem levar em conta o trabalho da psicanálise; em consequência, elas põem no mesmo saco distúrbios de tipo completamente diverso, argumentando apenas que eles apresentam sintomas semelhantes. Ou seja, elas estão trinta anos atrasadas em relação ao conhecimento de ponta do presente. Isso serve como exemplo de que em todos esses assuntos é muito arriscado legislar antes que a ciência chegue a conclusões sólidas que não tenham sido desmentidas ao menos por várias décadas; caso contrário, falsos conceitos acabam sendo incorporados aos estatutos e ganham a simpatia dos magistrados, fazendo que a aplicação prática de conceitos mais verdadeiros sofra um grande atraso. A meu ver, no momento a deficiência mental é a única coisa suficientemente definida para que possa se tornar, com segurança, objeto de sanção legal nessa área. Ela pode ser decidida de uma forma objetiva, da qual as autoridades não discordariam, ao passo que a degeneração moral, por exemplo, é uma questão de opinião. A mesma pessoa que um determinado indivíduo pode considerar degenerado moral, outro pode considerar profeta. Não digo que a lei não deva ser estendida mais amplamente no futuro – digo apenas que o conhecimento científico atual não é suficiente para atender a esse objetivo, e que é extremamente perigoso quando a sociedade permite que suas censuras morais se façam passar por ciência, como decerto aconteceu em diversos estados norte-americanos.

Passo a tratar agora da eugenia positiva, que apresenta perspectivas mais interessantes, embora até o momento elas pertençam ao futuro. A eugenia positiva consiste na tentativa de estimular cônjuges saudáveis a ter um número maior de filhos. No momento, é exatamente o contrário que em geral acontece. Por exemplo, é provável que um garoto excepcionalmente inteligente da escola primária ascenda à classe alta e venha a se casar com a idade de 35 ou 40 anos, enquanto aqueles de seu ambiente de origem desprovidos de uma inteligência fora do comum se casam com mais ou menos 25 anos. Os gastos com a educação representam um ônus significativo para as classes altas, induzindo-as, portanto, a limitar de maneira significativa o

# Casamento e moral

tamanho de suas famílias. Como é provável que sua média intelectual seja um pouco superior à da maioria das outras classes, essa limitação é deplorável. A maneira mais simples de lidar com essa situação seria assegurar que seus filhos tenham educação gratuita até a universidade. Ou seja, falando claro, as bolsas de estudo deveriam ser concedidas com base no mérito dos pais e não no mérito dos filhos. Isso ainda teria outra vantagem: acabar com a dedicação exagerada aos estudos e com o excesso de tarefas que fazem que, hoje em dia, a maioria dos alunos mais inteligentes seja prejudicada intelectual e fisicamente em razão do excesso de pressão antes de chegar aos 21 anos de idade. Não obstante, provavelmente seria impossível, seja na Inglaterra, seja nos Estados Unidos, que o Estado adotasse qualquer medida de fato apropriada que induzisse os homens da classe alta a ter famílias grandes. O obstáculo é a democracia. As ideias eugênicas baseiam-se no pressuposto de que os homens são diferentes, enquanto a democracia se baseia no pressuposto de que eles são iguais. Por conseguinte, é muito difícil politicamente implementar ideias eugênicas numa sociedade democrática quando a forma assumida por elas não sugere que pessoas *inferiores* como os imbecis representam uma minoria, mas aceita que pessoas *superiores* constituem uma minoria. A primeira forma agrada à maioria; a segunda, não. Portanto, medidas que defendem a primeira realidade podem contar com o apoio da maioria, enquanto as que defendem a segunda, não.

Entretanto, qualquer um que tenha parado para pensar sobre o assunto sabe que, embora no momento possa ser difícil determinar quem constitui as melhores linhagens, ainda assim não há dúvida de que existem diferenças, sob esse aspecto, que a ciência espera poder quantificar em breve. Imaginem a reação de um fazendeiro se lhe dissessem que ele deveria dar as mesmas oportunidades a todos os seus novilhos. Na verdade, o touro que deverá ser o procriador da geração seguinte é cuidadosamente selecionado com base na capacidade de produção leiteira de suas ancestrais. (Podemos observar, de passagem, que, como essas espécies desconhecem a ciência, a arte e a guerra, o mérito principal está vinculado apenas ao sexo feminino, e o macho é, na melhor das hipóteses, o transmissor das qualidades superiores femininas.) Todos os animais domésticos passaram por um amplo processo de melhoramento por meio da reprodução científica, e é ponto pacífico que os seres humanos poderiam, utilizando métodos semelhantes, ser transformados naquilo que se quisesse. Naturalmente, é muito mais difícil decidir o que desejamos dos seres humanos. Talvez se criássemos as pessoas visando à força física, acabássemos por reduzir seus cérebros. Se as criássemos visando à capacidade mental, talvez elas ficassem sujeitas a contrair diversas doenças. Se procurássemos produzir equilíbrio emocional, acabássemos por destruir a arte. Não dispomos do conhecimento indispensável que dê conta de todas essas questões; consequentemente, por ora não convém fazer um grande investimento na eugenia positiva. Não é difícil, porém, que nos próximos cem anos a ciência da hereditariedade e a bioquímica tenham avançado tanto que tornem possível a criação de uma espécie que todos admitam ser superior à que existe hoje.

Além disso, a aplicação desse tipo de conhecimento científico exigiria uma revolução mais radical no que diz respeito à família que qualquer coisa que tenha sido contemplada até aqui nestas páginas. Para que a reprodução científica seja implantada de maneira eficaz, será necessário separar 2% ou 3% dos homens e cerca de 25% das mulheres de cada geração para servirem de

*Casamento e moral*

reprodutores. Haverá um exame, provavelmente na puberdade, cujo resultado definirá a esterilização de todos os candidatos reprovados. O pai não terá um vínculo maior com sua descendência do que o touro ou o garanhão tem hoje com a dele, e a mãe será uma profissional especializada, diferente das outras mulheres por seu modo de vida. Não digo que esse estado de coisas vá acontecer, e menos ainda que o deseje, pois confesso que o considero extremamente repulsivo. Entretanto, quando se examina a questão de forma objetiva, percebe-se que esse projeto pode produzir resultados extraordinários. Suponhamos, para efeito de raciocínio, que ele seja adotado no Japão, e que após três gerações a maioria dos homens japoneses seja tão inteligente como Edison e tão forte como um boxeador profissional. Se, nesse meio-tempo, as outras nações do mundo tivessem continuado a deixar a questão por conta da natureza, elas seriam totalmente incapazes de enfrentar o Japão numa guerra. Não há dúvida de que, tendo alcançado esse pico de competência, os japoneses encontrariam formas para contratar homens de outro país como soldados, e confiariam em seus próprios recursos científicos para buscar a vitória, que estariam certos de alcançar. Em tal sistema, seria extremamente fácil inculcar na juventude uma lealdade cega ao Estado. Será que alguém pode dizer que é impossível que esse tipo de situação venha a ocorrer no futuro?

Existe um tipo de eugenia, bastante popular entre certos tipos de políticos e jornalistas, que pode ser chamado de eugenia racial. Consiste na alegação de que uma raça ou nação (naturalmente aquela a que o autor pertence) é muito superior a todas as outras, e deve utilizar seu poderio militar para aumentar sua superioridade numérica às custas das espécies inferiores. O exemplo mais significativo disso é a propaganda nórdica nos

Estados Unidos, que tem conseguido ganhar o reconhecimento legislativo no que se refere às leis de imigração. Esse tipo de eugenia pode apelar ao princípio darwinista da sobrevivência do mais apto; estranhamente, no entanto, seus mais ardentes defensores são aqueles que consideram que o ensino do darwinismo deveria ser proibido. A maior parte da propaganda política que tem ligação estreita com a eugenia racial é de mau gosto; mas não façamos caso disso e examinemos o mérito da questão.

Em casos extremos, não há por que duvidar muito da superioridade de uma raça sobre a outra. A contribuição à cultura mundial dada pela América do Norte, a Austrália e a Nova Zelândia certamente é maior do que seria se esses países ainda fossem habitados por aborígenes. Não existe nenhum motivo razoável para considerar que os negros sejam, em média, inferiores aos brancos, se bem que, como eles são indispensáveis para o trabalho nos trópicos, seu extermínio (à parte as questões humanitárias) seria extremamente indesejável. Porém, quando se trata de fazer a distinção entre as raças europeias, é preciso recorrer maciçamente à falsa ciência para justificar o preconceito político. Também não vejo nenhum fundamento válido para considerar que as raças amarelas sejam, em algum nível, inferiores a nossas nobres pessoas. Em todos os casos desse tipo, a eugenia racial é simplesmente uma desculpa para o chauvinismo.

Julius Wolf[3] apresenta um quadro dos excedentes de nascimentos sobre mortes por mil habitantes de todos os principais países para os quais existem estatísticas. A França encontra-se no patamar mais baixo (1,3), seguida por Estados Unidos (4,0), depois Suécia (5,8), Índia Britânica (5,9), Suíça (6,2) e

---

3 Wolf, op. cit., p.143-4.

*Casamento e moral*

Inglaterra (6,2). A Alemanha tem 7,8, a Itália 10,9, o Japão 14,6, a Rússia 19,5 e o Equador, líder mundial, 23,1. A China não aparece na relação, uma vez que os dados são desconhecidos. Wolf chega à conclusão de que o mundo ocidental será completamente dominado pelo Oriente, ou seja, pela Rússia, China e Japão. Não vou tentar refutar sua argumentação depositando minha fé no Equador. Em vez disso, vou mencionar suas estatísticas (a que já me referi) a respeito das taxas de natalidade relativas entre ricos e pobres de Londres, mostrando que estes últimos apresentam uma taxa inferior à apresentada pelos primeiros alguns anos atrás. O mesmo se aplica ao Oriente, embora com um intervalo de tempo maior: à medida que ele se tornar ocidentalizado, será inevitável que haja uma queda na taxa de natalidade. Um país não pode se tornar temível militarmente a não ser que se torne industrializado, e o industrialismo traz consigo o tipo de mentalidade que conduz à diminuição da família. Somos obrigados a concluir, portanto, não apenas que a dominação do Oriente — que os chauvinistas ocidentais (na esteira do ex-kaiser) confessam temer — não representaria um grande infortúnio caso acontecesse, mas também que não existe nenhum motivo válido para esperar que ela aconteça. Apesar disso, os jingoístas provavelmente continuarão a usar esse bicho-papão — entre outros — até o momento em que uma autoridade internacional possa fixar a cota aceitável de aumento populacional para os diferentes Estados.

Uma vez mais, como em duas ocasiões anteriores, nos vemos diante dos riscos que a humanidade enfrenta se a ciência avança enquanto a anarquia internacional continua. Como a ciência permite que alcancemos nossos objetivos, se eles forem prejudiciais, o que se colhe é o desastre. Se o mundo continua cheio de maldade e ódio, quanto mais tecnológico ele se tornar, mais horrível será. Portanto, reduzir a virulência dessas paixões é algo fundamental para o progresso humano. A existência do homem tem sido, em grande medida, resultado de uma falsa ética sexual e de uma educação sexual perniciosa. Para que se possa vislumbrar um futuro para a civilização, é indispensável uma ética sexual nova e mais adequada. É isso que faz da reforma da moral sexual uma das necessidades vitais de nossa época.

Do ponto de vista da moral individual, a ética sexual, se for científica e não supersticiosa, colocará em primeiro lugar as questões relacionadas à eugenia. Isso quer dizer que, por mais que as atuais restrições ao relacionamento sexual sejam relaxadas, o homem e a mulher conscientes não pensariam em ter filhos sem examinar seriamente o possível valor de sua descendência. Os contraceptivos tornaram a paternidade voluntária e não mais um resultado automático da relação sexual. Por uma série de motivos econômicos examinados em capítulos anteriores, parece provável que no futuro o pai terá menos importância na educação e no sustento dos filhos do que teve no passado. Portanto, não haverá nenhum motivo convincente para que a mulher escolha como pai de seu filho o homem que ela prefere ter como amante ou companheiro. Pode vir a ser extremamente plausível que no futuro as mulheres escolham os pais de seus filhos levando em conta elementos eugênicos – sem sacrificar seriamente sua felicidade –, enquanto dão livre vazão aos sentimentos pessoais que dizem respeito à relação sexual comum. Para os homens, seria ainda mais fácil escolher as mães de seus filhos levando em conta as vantagens que elas pudessem apresentar enquanto genitoras. Aqueles que, como eu, defendem que o comportamento sexual só diz respeito à sociedade na medida em que haja filhos deve extrair dessa premissa uma conclusão dupla no que diz respeito à moral

*Casamento e moral*

do futuro. Por um lado, que o amor sem filhos deve ser livre; por outro lado, porém, que a geração de filhos deve estar sujeita a uma regulamentação de natureza moral muito mais cuidadosa que a que existe hoje. No entanto, os fatores envolvidos deverão ser um pouco diferentes dos até então aceitos. Para que a prole seja considerada exemplar, não será mais preciso que o sacerdote pronuncie determinadas palavras nem que o escrivão redija um determinado documento, pois não existe nenhuma prova de que tais atos influenciam a saúde ou a inteligência da criança. O que será indispensável é que um determinado homem e uma determinada mulher sejam constituídos de tal forma, em si mesmos e na herança genética que transmitam, que torne provável a geração de filhos saudáveis. Quando a ciência for capaz de se pronunciar sobre essa questão com mais segurança que hoje, o senso moral da sociedade pode vir a ser mais exigente do ponto de vista eugênico. Os homens com a melhor herança genética podem vir a ser extremamente requisitados como pais, enquanto outros homens, embora aceitáveis como amantes, podem se ver rejeitados quando buscam a paternidade. Como a instituição do casamento, tal como existiu até agora, tornou esse tipo de programa contrário à natureza humana, tem-se acreditado que as perspectivas práticas da eugenia são muito limitadas. Entretanto, não existe nenhuma razão para supor que no futuro a natureza humana venha a interpor uma barreira semelhante, já que os contraceptivos estão separando a procriação das relações sexuais sem filhos; além disso, é provável que no futuro os pais não tenham essa ligação pessoal com os filhos como tiveram no passado. A seriedade e o elevado propósito social que os moralistas associaram no passado ao casamento estarão vinculados, se o mundo assumir uma ética mais científica, unicamente à procriação.

Embora essa perspectiva eugenista deva começar como a ética individual de determinadas pessoas com uma instrução acima da média, é provável que ela cresça e se espalhe cada vez mais, até que, afinal, venha a ser incorporada na lei, possivelmente na forma de retribuição monetária para os pais saudáveis e punições monetárias para os não saudáveis.

A ideia de permitir que a ciência interfira em nossos impulsos pessoais profundos é, sem sombra de dúvida, repugnante. Entretanto, essa interferência seria muito menor que a interferência religiosa, que tem sido tolerada por séculos. A ciência existe há pouco tempo, e embora ainda não possua aquela autoridade própria da tradição nem a antiga influência que a religião exerce sobre a maioria de nós, ela é perfeitamente capaz de conquistar a mesma autoridade e de apresentar o mesmo grau de aceitação que tem caracterizado a atitude das pessoas com relação aos preceitos religiosos. É verdade que o bem-estar da posteridade não representa, de modo algum, motivo suficiente para controlar a pessoa medíocre quando ela está excitada; porém, caso se tornasse parte da moral positiva aceita, sendo sancionado não apenas por meio do elogio e da censura, mas também por meio de recompensas e punições econômicas, ele logo viria a ser aceito como um elemento que nenhuma pessoa bem-comportada poderia se dar ao luxo de ignorar. A religião existe desde o início da história, enquanto a ciência existe no máximo há quatro séculos; mas quando a ciência se tornar madura e respeitável, ela controlará nossas vidas do mesmo modo que a religião sempre fez. Dia virá em que todos que se preocupam com a liberdade do espírito humano terão de se rebelar contra a tirania da ciência. Não obstante, se for para ter tirania, é melhor que seja da ciência.

# 19.
## Sexo e bem-estar individual

Neste capítulo proponho retomar coisas ditas anteriormente e que dizem respeito às consequências do sexo e da moral sexual na felicidade e no bem-estar individual. Nessa matéria, não estamos interessados apenas no período sexualmente ativo da vida nem na relação sexual concreta. A moralidade sexual afeta a infância, a adolescência e mesmo a velhice nas formas mais variadas, boas ou ruins de acordo com as circunstâncias. A moral tradicional começa a agir impondo tabus na infância. A criança aprende, ainda na tenra idade, a não tocar determinadas partes do corpo quando os adultos estão olhando. Aprende que deve falar baixinho quando quiser expressar o desejo de fazer suas necessidades fisiológicas e que deve realizá-las em segredo. Determinadas partes do corpo e determinadas ações apresentam uma característica peculiar que a criança tem dificuldade de entender, o que as envolve em mistério e lhes conferem um interesse especial. Certos problemas intelectuais como "de onde vêm os bebês?" devem ser considerados em segredo, já que as respostas dadas pelos adultos ou são evasivas ou obviamente falsas. Conheço pessoas, longe de serem idosas, que, na infância, quando eram vistas tocando uma determinada parte do corpo, ouviam a seguinte frase, pronunciada com a maior solenidade: "Preferia ver você morto que fazendo isso". Sinto dizer que a intenção de, na vida madura, criar virtude nem sempre representou tudo aquilo que os moralistas tradicionais poderiam desejar. Não é raro usarem de ameaças. Talvez não seja tão comum como antes ameaçar a criança com a castração, mas ainda se considera bastante apropriado ameaçá-la com a loucura. Na verdade, no estado de Nova York é proibido lhe informar que ela não corre esse risco, a menos que ela pense que corre. O resultado dessa educação é que a maioria das crianças pequenas carrega uma profunda sensação de culpa e de terror que está associada a questões de natureza sexual. Essa associação de sexo com culpa e medo penetra tão fundo que se torna quase ou totalmente inconsciente. Gostaria que fosse possível fazer um levantamento estatístico entre os homens que acreditam estar livres desses contos da carochinha para saber se estariam tão dispostos a cometer adultério durante um temporal com relâmpagos e trovões como em qualquer outro momento. Creio que 90% deles pensaria, bem lá no fundo do coração, que se agissem assim seriam fulminados por um raio.

Tanto o sadismo como o masoquismo, embora normais em suas formas mais leves, estão vinculados, em suas manifestações perniciosas, ao sentimento de culpa sexual. O masoquista é o homem extremamente consciente da própria culpa com relação ao sexo; o sádico é o homem mais consciente da culpa da mulher como sedutora. Essas consequências na vida madura mostram o quão profunda foi a primeira impressão produzida pela educação moral excessivamente rígida recebida na infância. Quanto a isso, as pessoas que se dedicam à educação das crianças, e

*Casamento e moral*

sobretudo ao cuidado dos pequeninos, estão se tornando mais esclarecidas. Infelizmente, porém, essa postura esclarecida ainda não chegou aos tribunais.

A infância e a juventude representam uma fase da vida em que as travessuras, as desobediências e a realização de atos proibidos são naturais e espontâneas; e, salvo quando passam da conta, não há o que lamentar. No entanto, a violação das proibições relacionadas ao sexo é tratada pelos adultos de maneira completamente diferente de qualquer outra quebra de regras; em consequência, as crianças percebem que ela pertence a uma categoria muito diversa. Se a criança rouba uma fruta da despensa você pode ficar incomodado e repreendê-la em alto e bom som, mas não sentirá nenhuma repulsa moral nem transmitirá a ela a sensação de que algo terrível aconteceu. Se, por outro lado, você for uma pessoa antiquada e pegá-la se masturbando, usará um tom de voz que ela jamais ouvirá em nenhum outro contexto. Esse tom produz um medo pavoroso, que se torna ainda maior uma vez que a criança provavelmente acha impossível abandonar o comportamento que originou o gesto de censura. Impressionada com sua severidade, a criança acredita profundamente que a masturbação é algo tão pecaminoso como você diz que é. Não obstante, ela continua se masturbando. Estão lançadas, assim, as bases de um estado mórbido que provavelmente prosseguirá pela vida afora. Desde os primeiros dias da juventude, ela se considera uma pecadora. Logo aprende a pecar em segredo, mas o fato de ninguém tomar conhecimento de seu pecado só a consola em parte. Profundamente infeliz, ela procura se vingar do mundo punindo aqueles que não conseguiram ocultar uma culpa semelhante. Tendo se acostumado a ser hipócrita na infância, para ela não é difícil continuar sendo na vida adulta. Assim, como consequência da tentativa míope dos pais de torná-la alguém que eles consideram virtuoso, ela se torna uma pessoa hipócrita e opressora morbidamente introvertida.

Não é a culpa, a vergonha e o medo que deveriam prevalecer na vida das crianças. Elas deveriam ser felizes, alegres e espontâneas; não deveriam ter medo dos próprios impulsos; não deveriam evitar a exploração dos fatos da natureza. Não deveriam esconder na escuridão toda a sua vida instintiva. Não deveriam enterrar nas profundezas do inconsciente impulsos que, por mais que se esforcem, não poderão suprimir. Se quisermos que elas se transformem em homens e mulheres decentes, intelectualmente honestos, socialmente confiantes, vigorosos na ação e tolerantes no pensamento, devemos começar a educá-las desde a mais tenra idade para que esses resultados se tornem possíveis. A educação tem se baseado excessivamente na analogia com o treinamento dos ursos dançarinos. Todos sabem como é o treinamento. Eles põem os ursos em cima de um piso quente, o que os obriga a dançar, pois os dedos dos pés queimam se ficarem em contato com o piso. Enquanto isso acontece, os treinadores tocam uma determinada música. Depois de um certo tempo, basta tocar a música para fazê-los dançar, sem que seja preciso utilizar o piso quente. O mesmo acontece com as crianças. Quando a criança toma consciência de seu órgão sexual, os adultos a censuram. No fim, essa consciência traz a lembrança da censura e faz que ela dance conforme a música, destruindo completamente qualquer possibilidade de uma vida sexual saudável ou feliz.

Na fase seguinte, da adolescência, o sofrimento causado pela forma tradicional de lidar com o sexo é ainda maior que na infância. Muitos meninos não têm a mínima ideia do que está acontecendo com eles e ficam apavorados quando acontecem as

*Casamento e moral*

primeiras poluções noturnas. Eles percebem que estão cheios de impulsos que aprenderam a considerar extremamente pecaminosos. Esses impulsos são tão fortes que se tornam uma obsessão constante. No tipo mais saudável de menino, ocorrem simultaneamente impulsos do mais extremado idealismo voltados à beleza, à poesia e ao amor ideal, que é considerado inteiramente separado do sexo. Devido aos elementos maniqueístas da doutrina cristã, os impulsos carnais e idealistas da adolescência tendem, entre nós, a permanecer inteiramente dissociados, e até mesmo em conflito uns com os outros. Sobre esse aspecto, posso citar a confissão de um amigo intelectual, que diz:

> Creio não ter tido uma adolescência atípica, e ela revelou essa dissociação de maneira bastante acentuada. Passava horas do dia lendo Shelley, tocado por versos como estes: "O desejo da mariposa pela estrela,/ Da noite pelo amanhã". Então, subitamente, descia das alturas e tentava dar uma espiada sub-reptícia na empregada se despindo. Esse último impulso me deixava profundamente envergonhado; o primeiro tinha, naturalmente, um elemento de tolice, já que seu idealismo era a outra face de um medo absurdo do sexo.

Como todos sabem, a adolescência é um período em que os distúrbios nervosos são bastante frequentes e em que as pessoas geralmente equilibradas podem cair com facilidade no extremo oposto. No livro *Coming of Age in Samoa* [A chegada da maturidade em Samoa], a srta. Mead afirma que os distúrbios da adolescência são desconhecidos na ilha, atribuindo esse fato à liberdade sexual predominante.[1] É verdade que a ação dos missionários tem

---

1 Mead, *Coming of Age in Samoa*, p.157.

## Bertrand Russell

restringido um pouco essa liberdade sexual. Algumas das meninas que ela entrevistou moravam na casa missionária, e, durante a adolescência, só praticavam a masturbação e a homossexualidade, enquanto aquelas que viviam em outros lugares também se envolviam em práticas heterossexuais. Embora nossas mais famosas escolas para meninos não sejam, de modo geral, muito diferentes nesse aspecto da casa do missionário em Samoa, o efeito psicológico do comportamento que, em Samoa, é inofensivo, pode ser desastroso num aluno inglês, porque ele provavelmente respeita, em seu íntimo, o ensinamento tradicional, enquanto o samoano encara o missionário apenas como um homem branco com critérios estranhos que devem ser tolerados.

No início da idade adulta, a maioria dos jovens enfrenta transtornos e dificuldades relacionados ao sexo que são totalmente desnecessários. Se o jovem continua casto, a dificuldade de manter o controle faz que ele provavelmente se torne uma pessoa tímida e inibida; assim, quando finalmente se casa, ele não consegue vencer o autocontrole de outrora, exceto, talvez, de uma maneira brutal e repentina, o que o faz desapontar a esposa como amante. Se ele vai atrás de prostitutas, perpetua-se a separação entre os aspectos físicos e idealistas do amor iniciada na adolescência, resultando no fato de que suas relações com as mulheres serão para sempre ou platônicas ou, como ele acredita, degradantes. Além do mais, ele corre o sério risco de contrair doenças venéreas. Se ele se envolve com moças de sua própria classe social, o prejuízo é muito menor, porém, mesmo nesse caso a necessidade de sigilo é prejudicial e interfere no desenvolvimento de relações estáveis. Devido em parte ao esnobismo e em parte à crença de que o casamento deve levar imediatamente à geração de filhos, é difícil para o homem se casar jovem. Além

*Casamento e moral*

disso, onde o divórcio é muito difícil, o casamento prematuro traz muitos riscos, já que é bastante provável que duas pessoas que estejam bem adaptadas uma com a outra aos 20 anos não o estejam mais aos 30. Muitas pessoas sentem dificuldade de manter uma relação estável com um parceiro antes de ter tido outras experiências. Se tivéssemos uma visão saudável do sexo, deveríamos exigir que os estudantes universitários ficassem casados temporariamente, mas sem ter filhos. Dessa forma, eles ficariam livres da obsessão sexual, que hoje interfere bastante nos estudos. Passariam a conhecer o sexo oposto, algo desejável como prelúdio do relacionamento sério de um casamento com filhos. Além disso, eles estariam livres para experimentar o amor sem que ele venha acompanhado dos subterfúgios, dos segredos e do medo das doenças que hoje põem em risco as escapadas da juventude.

Para a ampla categoria de mulheres que, do jeito que as coisas estão, devem ficar solteiras para sempre, a moral tradicional é dolorosa e, na maioria dos casos, prejudicial. Conheço, como todos, mulheres solteiras de probidade rigorosa e inatacável que merecem a mais alta consideração sob todos os pontos de vista. Penso, porém, que a regra geral é diferente. A mulher que não teve nenhuma experiência sexual e que considerou importante preservar a castidade se vê tomada por uma reação negativa e de medo, tornando-se, portanto, na maioria dos casos, uma pessoa tímida; ao mesmo tempo, o ciúme inconsciente e instintivo faz que ela assuma uma atitude de censura com relação às pessoas normais e sinta o desejo de punir os que tiraram proveito daquilo a que ela renunciou. É bastante comum que a virgindade prolongada se faça acompanhar da timidez intelectual. Na verdade, inclino-me a pensar que a inferioridade intelectual

217

das mulheres, na medida em que exista, deve-se sobretudo à repressão da curiosidade que o medo do sexo faz que elas imponham. Não existe nenhum motivo que justifique a infelicidade e o desperdício contidos na virgindade eterna das mulheres que não conseguem encontrar um marido. A atual situação, em que isso ocorre inevitavelmente com bastante frequência, não foi contemplada por ocasião da instituição do casamento, já que naquela época havia um número quase igual de homens e mulheres. Não há dúvida de que a existência de um grande excedente de mulheres em inúmeros países representa um argumento muito importante em defesa das mudanças no código moral tradicional.

O próprio casamento, única válvula de escape tradicionalmente tolerada do sexo, sofre com a rigidez do código. Os complexos adquiridos na infância, as experiências dos homens com as prostitutas e a atitude de repulsa ao sexo incutida nas jovens a fim de preservar a castidade, tudo isso compromete a felicidade matrimonial. Uma moça bem-educada que possua um intenso desejo sexual será incapaz de perceber, quando for cortejada, se ela é, de fato, compatível com o homem ou se é uma mera atração sexual. Ela pode muito bem se casar com o primeiro homem que despertar sua sexualidade e descobrir, tarde demais, que quando seu apetite sexual estiver satisfeito ela não tem mais nada em comum com ele. Foi feito de tudo na educação dos dois para torná-la excessivamente tímida e para torná-lo excessivamente apressado na abordagem sexual. Nenhum deles tem o devido conhecimento das questões sexuais, e os fracassos iniciais bastante frequentes em razão dessa ignorância tornam o casamento, daí em diante, sexualmente insatisfatório para ambos. Além disso, a proximidade mental e física torna-se difícil. A mulher

*Casamento e moral*

não está habituada a falar livremente sobre sexo; o homem também não está habituado, exceto com outros homens e com prostitutas. Quando se trata do assunto mais íntimo e vital da vida de ambos, eles ficam tímidos, desajeitados e mesmo totalmente calados. Talvez a esposa permaneça acordada, insatisfeita e sem saber direito o que deseja. Ao homem talvez ocorra o pensamento — inicialmente fugaz e logo afastado, mas que se torna cada vez mais insistente — de que até as prostitutas se entregam de maneira mais generosa que sua legítima esposa. Ele fica ofendido com sua frieza, talvez bem no momento em que ela sofre porque ele não sabe como excitá-la. Todo esse sofrimento é resultado da nossa política de segredo e de decência.

De todas essas formas, começando na infância, passando pela adolescência e pela juventude e chegando ao casamento, temos permitido que a velha moral envenene o amor enchendo-o de tristeza, medo, incompreensão mútua, remorso e esgotamento nervoso, isolando em regiões distintas o impulso físico do sexo e o impulso espiritual do amor ideal, tornando um brutal e o outro estéril. Não é assim que a vida deve ser vivida; a natureza animal e a natureza espiritual não devem estar em conflito. Não existe nada em nenhuma delas que seja incompatível com a outra, e nenhuma é capaz de alcançar sua realização plena se não estiver unida à outra. Em sua expressão mais sublime, o amor entre o homem e a mulher é livre e intrépido, uma mistura em proporções iguais de corpo e mente; sem temer o risco de que a base física possa interferir na idealização. O amor deve ser uma árvore cujas raízes penetram fundo na terra, mas cujos galhos se estendem na direção do céu. Mas o amor não pode crescer e florescer rodeado de tabus e medos supersticiosos, de palavras de censura e de segredos repulsivos. O amor entre o homem e

*Bertrand Russell*

a mulher e o amor entre os pais e os filhos são dois dos principais acontecimentos de nossa vida afetiva. Ao rebaixar um, a moral tradicional pretendeu exaltar o outro; na verdade, porém, o amor dos pais pelos filhos sofreu com a degradação do amor dos pais, um pelo outro. Crianças que são fruto da alegria e da satisfação mútuas podem ser amadas de uma forma muito mais saudável e apropriada, mais de acordo com os caminhos da natureza, mais simples, direta e animal e, no entanto, mais altruísta e produtiva do que é possível a pais famintos, insaciáveis e ansiosos que se voltam para a criança impotente em busca de algumas migalhas do alimento que lhes foi negado no casamento, e, ao fazê-lo, deturpam a mente infantil, lançando as bases dos mesmos transtornos para a geração seguinte. Temer o amor é temer a vida, e quem teme a vida já está a meio caminho da morte.

# 20.
## O lugar do sexo entre os valores humanos

O autor que lida com uma temática sexual corre sempre o risco de ser acusado, por aqueles que pensam que essas temáticas não devem ser mencionadas, de ter uma obsessão exagerada pelo assunto. Acredita-se que ele não correria o risco de ser censurado pelas pessoas pudicas e lascivas a menos que seu interesse pelo assunto fosse completamente desproporcional à sua importância. Esse ponto de vista, contudo, só vale para o caso daqueles que defendem mudanças na ética tradicional. Aqueles que estimulam a perseguição das prostitutas, aqueles que defendem uma legislação aparentemente contrária ao tráfico de escravas brancas, mas que na verdade é contrária a relações extraconjugais voluntárias e respeitosas; aqueles que denunciam as mulheres que usam saia curta e batom; e aqueles que vigiam as praias na esperança de flagrar trajes de banho impróprios — não se presume que nenhum deles seja vítima de obsessão sexual. Na verdade, porém, eles provavelmente sofrem muito mais disso que os autores que defendem uma maior liberdade sexual. A rigidez moral geralmente é uma reação contra a luxúria, e a pessoa que expressa isso na maioria das vezes está cheia

221

de pensamentos indecentes — pensamentos que se tornam indecentes não pelo simples fato de terem conteúdo sexual, mas pelo fato de que a moral paralisou a mente, impedindo-a de pensar de forma clara e saudável sobre o assunto. Eu até concordo com a Igreja quando ela diz que a obsessão com temas sexuais é um mal, mas não concordo com ela sobre os métodos mais adequados para evitá-lo. É evidente que Santo Antônio estava mais obcecado com sexo que o mais extremado sibarita de todos os tempos; não darei mais exemplos recentes para não ofender. Sexo é uma necessidade natural como a comida e a bebida. Criticamos o glutão e o alcoólatra porque, em ambos os casos, uma atividade que ocupa um determinado espaço legítimo da vida usurpou uma porção exagerada dos seus pensamentos e dos seus sentimentos. Contudo, não criticamos alguém pelo prazer normal e saudável que uma quantidade razoável de comida traz. É verdade que os ascetas agiam assim, considerando que a pessoa deveria reduzir sua alimentação ao mínimo necessário para garantir a sobrevivência; porém, como essa teoria não é muito popular hoje em dia, podemos deixá-la de lado. Decididos a evitar os prazeres do sexo, os puritanos tornaram-se um pouco mais atentos aos prazeres da mesa do que as pessoas costumavam estar antes. Nas palavras de um crítico do puritanismo do século XVII:

> *Você aprecia noitadas alegres e jantares amenos?*
> *Então deve comer com os santos e dormir com os pecadores.*

Parece, portanto, que os puritanos não conseguiram domesticar o elemento puramente físico da natureza humana, já que acrescentaram à gula o que tiraram do sexo. A Igreja Católica

*Casamento e moral*

considera a gula um dos sete pecados capitais, e Dante coloca aqueles que a praticam num dos círculos mais profundos do inferno; mas é um pecado meio indefinido, já que é difícil dizer onde termina o interesse legítimo pela comida e onde começa a culpa. Será que é pecado comer algo que não seja nutritivo? Se for, com qualquer amêndoa salgada já corremos o risco de ser condenados à danação eterna. Essas visões, contudo, estão ultrapassadas. É fácil identificar o glutão, e embora possa sofrer um certo desprezo, ele não é severamente condenado. Apesar desse fato, é raro que quem nunca passou necessidade tenha uma obsessão exagerada com comida. A maioria das pessoas faz as refeições e depois pensa em outra coisa até a próxima refeição. Por outro lado, aqueles que, tendo adotado uma filosofia ascética, só ingerem um mínimo de comida, tornam-se obcecados com visões de banquetes e sonhos de demônios exibindo frutas deliciosas. E exploradores que ficam isolados na Antártida, submetidos a uma dieta de gordura de baleia, passam os dias planejando o jantar que terão no Carlton quando chegarem em casa.

Esses fatos sugerem que, para que o sexo não seja uma obsessão, ele deve ser encarado pelos moralistas como a comida veio a ser encarada, e não como ela era encarada pelos eremitas da Tebaida. O sexo é uma necessidade humana natural como a comida e a bebida. É verdade que as pessoas podem sobreviver sem ele, embora não possam sobreviver sem comida e bebida; do ponto de vista psicológico, porém, o desejo sexual é exatamente análogo ao desejo por comida e bebida. Ele é consideravelmente intensificado pela abstinência e momentaneamente aliviado quando é satisfeito. Quando é urgente, ele exclui o resto do mundo da esfera mental. Por um momento, todos os outros interesses desaparecem, e podem acontecer coisas que depois parecerão um despropósito aos olhos da pessoa responsável por elas. Além disso, como no caso da comida e da bebida, o desejo é profundamente estimulado pela proibição. Sei de crianças que recusam maçãs no café da manhã e vão direto ao pomar para roubá-las, embora as maçãs do café da manhã estejam maduras e as do pomar, não. Não creio que se possa negar que o desejo por álcool entre os norte-americanos ricos seja muito mais forte do que era há vinte anos. Do mesmo modo, a doutrina e a autoridade cristãs estimularam imensamente o interesse pelo sexo. Portanto, a primeira geração que deixar de acreditar na doutrina tradicional certamente tolerará um grau de liberdade sexual superior à que se espera daqueles cujas opiniões sobre o sexo não são influenciadas por doutrinas supersticiosas, de maneira positiva ou negativa. Nada, exceto a liberdade, poderá evitar a obsessão exagerada com o sexo; mas mesmo a liberdade não terá efeito se não tiver se tornado corriqueira e associada a uma educação criteriosa no que concerne às questões sexuais. Não obstante, gostaria de repetir, da maneira mais enfática possível, que considero a preocupação excessiva com esse assunto um erro, e penso que esse erro encontra-se hoje extremamente difundido, sobretudo nos Estados Unidos, onde constato que ele é particularmente pronunciado entre os moralistas mais rígidos, que o demonstram notadamente pela disposição em acreditar em calúnias referentes àqueles que eles consideram seus adversários. O glutão, o sibarita e o asceta são pessoas completamente egocêntricas cujo horizonte está limitado por seus próprios desejos, seja por meio da satisfação ou da renúncia. Uma pessoa física e mentalmente saudável não concentra seus interesses sobre si dessa maneira. Ele lança seu olhar para o mundo e descobre nele coisas que lhe parecem merecedoras de

## Casamento e moral

atenção. O interesse por si não é, como supõem alguns, a condição natural da pessoa obstinada. É uma doença ocasionada, quase sempre, pela frustração dos impulsos naturais. O sibarita que se delicia com devaneios de satisfação sexual geralmente é o resultado de algum tipo de privação, do mesmo modo que a pessoa que estoca comida normalmente é alguém que passou por um período de fome ou de pobreza. Não é impedindo o impulso natural que produziremos homens e mulheres saudáveis e abertos, e sim por meio de um desenvolvimento uniforme e equilibrado de todos os impulsos fundamentais para uma vida feliz.

Assim como no caso da comida, não estou sugerindo que não deva existir nenhuma restrição moral e nenhum autocontrole com relação ao sexo. Existem três tipos de restrições com relação à comida: as legais, as ditadas pela etiqueta e as de saúde. Consideramos errado roubar comida, pegar mais que nossa parte numa refeição coletiva e cultivar hábitos alimentares que fazem mal à saúde. Embora esses tipos de restrição sejam fundamentais no que diz respeito ao sexo, nesse caso eles são muito mais complexos e implicam um autocontrole muito maior. Além disso, já que o ser humano não deve possuir outro ser humano, a analogia do roubo não é com o adultério, e sim com o estupro, que, obviamente, deve ser proibido por lei. Com relação à saúde, as questões levantadas dizem respeito quase unicamente às doenças venéreas, um assunto que já abordamos de passagem quando tratamos da prostituição. Além da ação dos remédios, é evidente que a melhor forma de lidar com esse mal é reduzir a prostituição, o que só pode ser alcançado por meio de uma maior liberdade entre os jovens, algo que tem crescido nos últimos anos.

*Bertrand Russell*

Uma ética sexual abrangente não pode considerar o sexo apenas como um desejo inato e uma possível fonte de perigo. Embora esses pontos de vista sejam importantes, mais importante ainda é lembrar que o sexo está relacionado a alguns dos bens mais valiosos da vida humana. Aparentemente, os três principais são o amor apaixonado, a felicidade matrimonial e a arte. Já tratamos do amor apaixonado e do casamento. Embora se considere que a arte é independente do sexo, esse ponto de vista tem menos partidários hoje que antigamente. Não há a menor dúvida de que o impulso por trás de todos os tipos de criação estética está ligado psicologicamente ao ato de cortejar, não necessariamente de uma forma direta ou óbvia, mas, não obstante, de uma forma profunda. Para que o impulso sexual leve à expressão artística são necessárias várias condições. É preciso haver capacidade artística; porém, como a capacidade artística, mesmo no interior de uma determinada raça, parece ser comum em um período e rara em outro, podemos concluir sem medo que o ambiente, e não os talentos inatos, desempenha um papel importante no desenvolvimento do impulso artístico. Deve haver um tipo específico de liberdade, não aquele que consiste em recompensar o artista, mas o que consiste em não obrigá-lo nem induzi-lo a formar hábitos que o transformem num filisteu. Quando encarcerou Michelangelo, Júlio II não interferiu de modo algum no tipo de liberdade de que o artista necessitava. Ele o encarcerou porque o considerava um homem importante, e por não permitir a mínima ofensa dirigida a ele vinda de alguém hierarquicamente inferior ao papa. Contudo, quando o artista é obrigado a bajular seus patronos ricos ou os conselheiros da cidade e a adaptar sua obra aos cânones estéticos deles, sua liberdade artística está perdida. E quando, com medo da

*Casamento e moral*

perseguição social e econômica, é obrigado a manter um casamento que se tornou insuportável, ele é privado da energia que a criação artística exige. Sociedades tradicionalmente virtuosas não produziram arte de qualidade. As que o fizeram eram compostas pelo tipo de pessoa que seria esterilizado em Idaho. No momento, os Estados Unidos importam a maior parte de seu talento artístico da Europa, onde, até agora, a liberdade tem sobrevivido; mas a americanização da Europa já está fazendo com que seja necessário recorrer aos negros. Parece que o último refúgio da arte está localizado numa região do Alto Congo ou mesmo nos planaltos do Tibete. Sua extinção definitiva, porém, não deverá tardar muito, já que as recompensas que os Estados Unidos estão dispostos a oferecer aos artistas estrangeiros são de tal monta que acabarão provocando sua decadência artística. No passado, a arte tinha uma base popular e dependia da alegria de viver. Esta, por sua vez, depende de uma certa espontaneidade com relação ao sexo. Quando o sexo é reprimido, só resta a obra, e a doutrina da obra pela obra nunca produziu uma obra de valor. Não me venham dizer que alguém recolheu estatísticas do número de relações sexuais *per diem* (ou devemos dizer *per noctem?*) que acontecem nos Estados Unidos, e que ele é, *per capita*, pelo menos tão grande quanto o de qualquer outro país. Não sei se esse é o caso, e não tenho o mínimo interesse em negá-lo. Uma das falácias mais perigosas dos moralistas tradicionais é reduzir o sexo ao ato sexual, a fim de poder melhor ridicularizá-lo. Nenhum homem civilizado – e nenhum selvagem que eu conheça – satisfaz seu instinto com o mero ato sexual. Para que o impulso que conduz ao ato seja satisfeito, é preciso haver a corte, é preciso haver amor, é preciso haver companheirismo. Sem isso, embora o desejo físico possa ser momentaneamente saciado, o desejo mental permanece intacto, sendo impossível alcançar uma satisfação profunda. A liberdade sexual de que o artista precisa é a liberdade de amar, não a liberdade vulgar de reviver a necessidade física com uma mulher desconhecida; e a liberdade de amar é, acima de tudo, algo que os moralistas tradicionais não admitem. Para que a arte possa renascer depois que o mundo tiver sido americanizado será preciso que os Estados Unidos mudem, que seus moralistas se tornem menos morais e seus imoralistas menos imorais, que, numa palavra, ambos reconheçam os valores superiores contidos no sexo e a possibilidade de que a alegria possa ter mais valor que uma conta bancária. Nada nos Estados Unidos é tão doloroso para o viajante como a falta de alegria. O prazer é frenético e orgíaco, uma questão de perda momentânea dos sentidos, não de expressão alegre da própria personalidade. Pessoas cujos avôs dançavam ao som das gaitas de foles nos Bálcãs ou na Polônia passam o dia inteiro sentadas diante da escrivaninha, rodeadas de máquinas de escrever e telefones, sérias, importantes e inúteis. À noite, quando dão uma escapada para beber e ir ao encontro de um novo tipo de ruído, imaginam estar encontrando a felicidade, quando o que encontram nada mais é que o esquecimento frenético e imperfeito da rotina desesperada do dinheiro que gera dinheiro, a qual, para alcançar esse objetivo, usa os corpos de seres humanos cujas almas foram vendidas como escravas.

Não é minha intenção sugerir que o que de melhor existe na vida humana está relacionado ao sexo — algo em que de modo algum acredito. Não considero que a ciência, seja ela prática ou teórica, esteja relacionada a ele, e penso o mesmo no que diz respeito a certos tipos de atividades sociais e políticas importantes. Os impulsos que conduzem aos desejos complexos da

*Casamento e moral*

vida adulta podem ser organizados num punhado de categorias simples. Tirando o que é indispensável para a autopreservação, parece-me que o poder, o sexo e a paternidade estão na origem da maioria das ações humanas. Desses três, o poder começa antes e termina por último. Como tem muito pouco poder, a criança é dominada pelo desejo de ter mais. De fato, grande parte de suas atividades nasce desse desejo. Seu outro desejo visível é a vaidade – o desejo de ser elogiada e o medo de ser criticada ou ignorada. É a vaidade que faz dela um ser social e lhe fornece as virtudes necessárias para a vida em sociedade. A vaidade é um motor ligado intimamente ao sexo, embora em tese possa ser separada dele. O poder, porém, até onde consigo perceber, tem muito pouca ligação com o sexo, e é o amor pelo poder, ao menos tanto quanto a vaidade, que leva a criança a fazer a lição de casa e a desenvolver os músculos. Penso que a curiosidade e a busca do conhecimento devem ser consideradas como uma subdivisão do amor pelo poder. Se conhecimento é poder, então o amor pelo conhecimento é o amor pelo poder. Consequentemente, exceto no que diz respeito a certos ramos da biologia e da fisiologia, devemos considerar que a ciência está fora da alçada dos sentimentos sexuais. Como o imperador Frederico II não está mais vivo, essa opinião deve continuar mais ou menos hipotética. Se ainda estivesse vivo, não há dúvida de que ele resolveria a questão castrando um matemático e um compositor famosos e observando os efeitos sobre seus respectivos trabalhos. Minha expectativa é que no primeiro caso a influência seria nula e no último, considerável. Percebendo que a busca do conhecimento é um dos elementos mais valiosos da natureza humana, uma esfera de atividade extremamente importante encontra-se – se estivermos certos – livre do controle sexual.

*Bertrand Russell*

Entendido em seu sentido mais amplo, o poder também é o motor da maioria das atividades políticas. Não pretendo sugerir que um grande estadista seja indiferente ao bem-estar do povo; pelo contrário, acredito que ele seja um homem cujo sentimento paterno se difundiu de forma extraordinária. Contudo, a menos que também tenha um grande amor pelo poder, ele não conseguirá manter o ritmo de trabalho necessário para ser bem-sucedido em sua empreitada política. Embora tenha conhecido muitas pessoas idealistas no setor público, a menos que tivessem uma dose apreciável de ambição elas raramente dispunham da energia para realizar o bem a que se propunham. Em certa ocasião crucial, Abraham Lincoln fez um discurso para dois senadores recalcitrantes que se iniciava e terminava com as seguintes palavras: "Eu sou o presidente dos Estados Unidos, investido de grande poder". Não há a menor dúvida de que ele sentiu um certo prazer em destacar esse fato. Em todas as esferas políticas, tanto para o bem como para o mal, as duas principais forças são a motivação econômica e o amor pelo poder; a tentativa de interpretar a política segundo a abordagem freudiana é, para mim, um equívoco.

Se o que temos dito é correto, a maioria dos grandes homens — com exceção dos artistas — é influenciada em suas atividades importantes por motivos não relacionados ao sexo. Se queremos que essas atividades continuem existindo e, em suas formas mais simples, se tornem populares, é imprescindível que o sexo não ofusque o que resta da natureza afetiva e apaixonada do ser humano. O desejo de entender e o desejo de reformar o mundo são os dois grandes motores do progresso, e sem eles a sociedade humana estagnaria ou entraria em decadência. Pode ser que uma felicidade perfeita demais faça que os impulsos

*Casamento e moral*

voltados ao conhecimento e às reformas desapareçam. Quando Cobden quis atrair John Bright para a campanha do livre-comércio, ele baseou seu apelo pessoal no sofrimento pelo qual Bright estava passando em razão da morte recente da mulher. Pode ser que sem esse sofrimento Bright tivesse menos empatia pelos sofrimentos dos outros. E muitas pessoas se envolveram com atividades abstratas por terem perdido a esperança no mundo real. Para uma pessoa suficientemente vigorosa, o sofrimento pode ser um estímulo valioso; e não nego que se todos fôssemos completamente felizes não nos esforçaríamos em nos tornarmos mais felizes. Mas não posso admitir que entre os deveres do ser humano esteja o de causar sofrimento aos outros pensando que isso talvez se mostre produtivo. De cada 100 casos, em 99 o sofrimento se mostra simplesmente arrasador; no centésimo, é melhor deixar por conta dos choques naturais que compõem o fardo da espécie humana. Enquanto houver morte haverá sofrimento, e enquanto houver sofrimento os seres humanos não podem ser responsáveis por seu acréscimo, apesar do fato de uns poucos espíritos iluminados saberem como modificar isso.

# 21.
## Conclusão

Ao longo de nossa argumentação fomos levados a certas conclusões, algumas históricas, outras éticas. Historicamente, descobrimos que a moral sexual, tal como existe nas sociedades civilizadas, originou-se de duas fontes: de um lado, o desejo de estar seguro quanto à paternidade; do outro, a crença ascética de que, exceto na medida em que é indispensável para a reprodução, o sexo é pernicioso. No período pré-cristão, e no Extremo Oriente até hoje, a moral só contava com a primeira fonte, exceto na Índia e na Pérsia, que são os centros de onde o ascetismo parece ter se espalhado. Naturalmente, a vontade de se certificar da paternidade não existe em povos atrasados que desconhecem o fato de que o macho participa da procriação. Entre eles, embora o ciúme masculino imponha certos limites à liberdade de ação feminina, as mulheres são geralmente muito mais livres que nas sociedades patriarcais primitivas. É evidente que, durante a transição, deve ter ocorrido uma disputa considerável, e não há dúvida de que os homens, que estavam interessados em ser os pais dos próprios filhos, julgaram indispensável controlar a liberdade das mulheres. Nessa fase, a moral sexual só existia para as mulheres. O homem só não podia cometer adultério com uma mulher casada; fora isso, era livre.

Com o cristianismo, o novo motivo de evitar o pecado entra em cena e o padrão moral torna-se teoricamente o mesmo para homens e mulheres, embora na prática a dificuldade de aplicá-lo aos homens tenha feito que sempre se tolerasse mais suas fraquezas que as das mulheres. A moral sexual primitiva tinha um objetivo biológico claro, a saber, assegurar que durante os primeiros anos de vida a prole contasse com a proteção de ambos os pais, e não somente de um deles. Com a proposta cristã, perdeu-se de vista esse objetivo, embora o mesmo não tenha ocorrido na sua prática.

Em épocas mais recentes surgiram sinais de que tanto o componente cristão como o pré-cristão da moral sexual estão passando por uma transformação. O componente cristão não tem mais a influência que tinha antigamente, em razão do declínio da ortodoxia religiosa e da redução de intensidade da fé mesmo entre aqueles que ainda creem. Embora seu inconsciente tenda a conservar os hábitos antigos, a maioria dos homens e mulheres nascidos neste século não acredita conscientemente que a fornicação seja um pecado tão importante. Quanto aos componentes pré-cristãos da ética sexual, eles foram modificados por um fator, e estão em vias de ser modificados por outro. O primeiro desses fatores são os contraceptivos, que estão aumentando cada vez mais a possibilidade de evitar que a relação sexual conduza à gravidez, permitindo assim que as mulheres, se forem solteiras, não corram o risco de ter filhos, e, se forem casadas, só tenham filhos de seus maridos, sem que, em nenhum dos casos, sintam a necessidade de ser castas. Esse processo ainda não está completo, porque os contraceptivos ainda não são totalmente

*Casamento e moral*

confiáveis; creio, porém, que é possível supor que eles em breve o serão. Nesse caso, a certeza da paternidade se tornará possível sem a exigência de que as mulheres não devem ter nenhum relacionamento sexual fora do casamento. Pode-se dizer que as mulheres poderiam passar imediatamente a enganar os maridos; porém, as mulheres têm conseguido enganar seus maridos desde os tempos antigos, e o motivo da traição é muito menos poderoso quando se trata simplesmente de saber quem será o pai do que quando se vai ter uma relação sexual com alguém por quem se pode ficar apaixonado. Portanto, é possível pressupor que a traição ligada à paternidade, embora possa ocorrer ocasionalmente, seja menos frequente do que foi no passado a traição ligada ao adultério. Também não é de modo algum impossível que o ciúme do marido possa se adaptar, por meio de um novo acordo, à nova situação, despertando somente quando a esposa escolher outro homem para ser o pai de seus filhos. No Oriente, os homens sempre toleraram liberdades por parte dos eunucos com as quais a maioria dos maridos europeus se ofenderia. Eles as toleram porque elas não trazem nenhuma dúvida quanto à paternidade. O mesmo tipo de tolerância pode ser facilmente estendido a liberdades acompanhadas do uso de contraceptivos.

Portanto, a família biparental poderá sobreviver no futuro sem fazer grandes exigências quanto à abstinência das mulheres como aconteceu no passado. Contudo, é possível que um segundo fator da transformação que está ocorrendo com a moral sexual tenha consequências mais amplas. Trata-se da crescente participação do Estado no sustento e na educação das crianças. Embora até o momento esse fator afete sobretudo as classes trabalhadoras, elas são, afinal de contas, a maioria da população, e é muito provável que a substituição do pai pelo Estado — que está acontecendo gradualmente no que concerne a elas – acabará se estendendo a toda a população. Tanto na espécie animal como na espécie humana, o papel do pai tem sido o de fornecer proteção e sustento; nas sociedades civilizadas, porém, a proteção é fornecida pela polícia, e o sustento pode vir a ser inteiramente fornecido pelo Estado, pelo menos, até o momento, no que diz respeito às camadas mais pobres da população. Se isso acontecesse, o pai deixaria de ter qualquer utilidade palpável. Com relação à mãe, existem duas possibilidades. Ela pode continuar trabalhando normalmente e deixar os filhos sob os cuidados das instituições, ou, se a lei assim o decidir, pode ser paga pelo Estado para cuidar dos filhos enquanto eles são pequenos. Se esse último procedimento for adotado, ele poderá ser utilizado para apoiar a moral tradicional, já que a mulher não virtuosa poderá ser privada do pagamento. Contudo, se for privada do pagamento, ela só conseguirá sustentar os filhos se tiver um emprego; e, portanto, para poder trabalhar, precisará pôr os filhos em alguma instituição. Por essa razão, parece provável que o funcionamento das forças econômicas pode levar à exclusão do pai – e mesmo, em grande medida, da mãe – da criação dos filhos que não pertençam a famílias ricas. Se for assim, desaparecerão todas as justificativas tradicionais da moral tradicional, e será preciso encontrar novas justificativas para uma nova moral.

Caso venha a ocorrer, a dissolução da família não será, a meu ver, motivo de regozijo. O amor dos pais é importante para as crianças, e as instituições, se existirem em larga escala, com certeza se tornarão bastante burocráticas e um tanto severas. Haverá um grau de homogeneidade terrível quando a influência diferenciada dos diversos ambientes familiares deixar de existir. E a menos que um governo internacional tenha sido

*Casamento e moral*

previamente instituído, as crianças dos diferentes países aprenderão uma forma perniciosa de patriotismo que quase certamente fará que se matem umas às outras quando crescerem. A necessidade de um governo internacional surge também com relação à população, pois na ausência dele os nacionalistas terão um motivo para estimular um aumento populacional maior que o desejável; e, além disso, com o avanço da medicina e das medidas sanitárias, o único método que restará para eliminar o excesso populacional será a guerra.

Embora as questões sociológicas sejam muitas vezes difíceis e complexas, as questões pessoais são, a meu ver, extremamente simples. A doutrina de que existe algo pecaminoso no sexo causou um dano incalculável à personalidade do indivíduo – um dano que começa na infância e se estende por toda a vida. Ao manter o amor sexual numa prisão, a moral tradicional contribuiu bastante para aprisionar todas as outras formas de sentimentos amistosos e para tornar as pessoas menos generosas, menos amáveis, mais arrogantes e mais cruéis. Qualquer ética sexual que venha a ser finalmente aceita deve estar livre da superstição e possuir argumentos identificáveis e demonstráveis em seu favor. O sexo não pode prescindir de uma ética, do mesmo modo que acontece com o esporte, a pesquisa científica ou qualquer outro ramo da atividade humana. Mas ele pode prescindir de uma ética baseada apenas em antigas proibições propostas por pessoas ignorantes pertencentes a uma sociedade totalmente diversa da nossa. No sexo, assim como na economia e na política, nossa ética ainda é dominada por medos que as descobertas modernas tornaram irracionais, e o benefício que pode ser extraído dessas descobertas se perde, em grande medida, pela incapacidade de nos adaptarmos psicologicamente a eles.

É verdade que a transição do antigo para o novo sistema apresenta suas próprias dificuldades, como acontece com todas as transições. Quem defende qualquer inovação ética é acusado, como Sócrates, de corromper a juventude; e essa acusação nem sempre é totalmente infundada, mesmo quando, na verdade, a nova ética que eles pregam conduza – caso fosse aceita em sua totalidade – a uma vida melhor do que o faria a antiga ética que eles procuram aperfeiçoar. Todos que conhecem o Oriente muçulmano afirmam que quem deixou de acreditar que é imprescindível rezar cinco vezes ao dia também deixou de respeitar outras regras morais consideradas mais importantes. A pessoa que propõe qualquer modificação da moral sexual está especialmente sujeita a ser mal interpretada dessa forma, e eu mesmo estou ciente de que afirmei coisas que alguns leitores podem ter interpretado mal.

O princípio básico a partir do qual a nova moral se diferencia da moral tradicional puritana é este: acreditamos que o instinto deve ser educado em vez de ser contrariado. Apresentada dessa forma genérica, é uma visão que conquistaria ampla aceitação entre homens e mulheres progressistas; contudo, ela só é plenamente válida quando é aceita com todas as suas consequências e posta em prática desde os primeiros anos de vida. Se na infância os instintos forem contrariados em vez de ser educados, pode ser que, em certa medida, eles tenham de ser contrariados durante toda a vida adulta, porque terão assumido formas profundamente indesejáveis decorrentes do fato de terem sido contrariados nos primeiros anos de vida. A moral que eu defendo não consiste apenas em dizer aos adultos e adolescentes: "Sigam seus instintos e façam o que quiserem". É preciso ter coerência na vida; é preciso fazer um esforço constante em busca

*Casamento e moral*

de objetivos que não são vantajosos de imediato nem atraentes o tempo todo; é preciso que haja consideração pelos outros; e é preciso que existam determinados critérios de integridade. Apesar disso, não considero que o autocontrole seja um fim em si mesmo, e desejo que nossas instituições e nossas convenções morais sejam constituídas de tal maneira que a necessidade de autocontrole seja mínima. O uso do autocontrole é como o uso dos freios no trem: é útil quando você descobre que está indo na direção errada, mas totalmente prejudicial quando a direção está certa. Embora ninguém defenda que se deva conduzir um trem sempre com os freios puxados, a obsessão com um autocontrole exigente tem um efeito prejudicial muito semelhante sobre as energias disponíveis para uma atividade benéfica. O autocontrole faz que essas energias sejam desperdiçadas, em grande medida, com conflitos internos e não com atividades externas; e, por essa razão, ele é sempre deplorável, embora às vezes necessário.

O nível de autocontrole necessário na vida depende do tratamento inicial dado ao instinto. Tal como existem nas crianças, os instintos podem levar a atividades benéficas ou prejudiciais, do mesmo modo que o vapor de uma locomotiva pode conduzi-la ao seu destino ou a um desvio onde será destruída por um acidente. A função da educação é guiar o instinto por caminhos em que ele desenvolva atividades benéficas e não prejudiciais. Se essa tarefa foi executada de forma adequada nos primeiros anos de vida, o homem ou a mulher será capaz, em geral, de viver uma vida proveitosa sem a necessidade de um autocontrole rígido, exceto, talvez, em raros momentos de crise. Por outro lado, se a educação inicial baseou-se na mera frustração do instinto, os atos que ele inspira na vida adulta serão até certo ponto

## Bertrand Russell

perniciosos e, portanto, terão de ser com frequência reprimidos pelo autocontrole.

Essas considerações gerais aplicam-se de maneira especialmente eficaz aos impulsos sexuais, tanto em razão de seu imenso poder como pelo fato de que a moral tradicional fez deles sua preocupação específica. A maioria dos moralistas tradicionais parece pensar que se nossos impulsos sexuais não fossem rigorosamente reprimidos eles se tornariam desprezíveis, caóticos e vulgares. Creio que esse ponto de vista decorre da observação daqueles que adquiriram as inibições de praxe nos primeiros anos de vida e mais tarde tentaram ignorá-las. Nessas pessoas, porém, as proibições ainda continuam operantes, mesmo quando elas não parecem alcançar seu objetivo. O que chamamos de consciência, isto é, a aceitação irracional e mais ou menos inconsciente de preceitos aprendidos no início da juventude, faz que as pessoas sintam que tudo que as convenções proíbem é errado, e essa sensação pode perdurar apesar das convicções intelectuais em contrário. Desse modo, ela produz uma personalidade dividida contra si própria, na qual o instinto e a razão não andam mais de mãos dadas, mas em que o instinto se tornou desprezível e a razão se tornou frágil. Encontramos no mundo de hoje diferentes graus de revolta contra os ensinamentos tradicionais. O mais comum de todos é a revolta da pessoa que aceita racionalmente a autenticidade ética da moral que lhe ensinaram na juventude, mas que confessa, com um pesar mais ou menos artificial, que não é suficientemente corajoso para viver de acordo com ela. A respeito desse tipo de pessoa, não há muito o que dizer. Seria melhor que ela mudasse sua prática ou suas crenças para que houvesse harmonia entre elas. Em seguida vem a pessoa cuja razão consciente rejeitou grande parte do que lhe foi ensinado na creche, mas cujo inconsciente ainda aceita a totalidade daqueles ensinamentos. Tal pessoa muda de repente a linha de conduta quando se vê pressionada por qualquer emoção forte, em especial o medo. Uma doença grave ou um terremoto pode fazer que ele se arrependa e abandone suas convicções racionais em consequência da irrupção súbita das crenças infantis. Mesmo nos períodos normais ela apresenta um comportamento inibido, e as inibições podem assumir uma forma desagradável. Embora não impeçam que ela tenha comportamentos condenados pela moral tradicional, elas impedem que ela aja assim de maneira sincera, excluindo, portanto, de suas atitudes alguns dos elementos que as teriam valorizado. A substituição de um antigo código moral nunca consegue ser inteiramente satisfatória, a menos que o novo código seja aceito pelo indivíduo como um todo, não apenas pela camada superior que constitui o pensamento consciente. Para a maioria das pessoas isso é muito difícil, se elas tiverem sido expostas à velha moral durante todos os primeiros anos de vida. Consequentemente, não é possível julgar de maneira objetiva uma nova moral a menos que ela tenha sido aplicada no início da educação da criança.

A moral sexual tem de se basear em determinados princípios gerais a respeito dos quais haja um nível razoavelmente amplo de aceitação, apesar da discordância ampla quanto às conclusões que se possam tirar deles. O primeiro elemento a ser assegurado é que deve existir, tanto quanto possível, aquele amor profundo e sincero entre homem e mulher que envolve completamente a personalidade de ambos e leva a uma união por meio da qual cada um deles é enriquecido e fortalecido. O segundo elemento importante é que as crianças devem receber uma proteção física e psicológica adequada. Embora nenhum desses princípios possa ser considerado, de modo algum, chocante em si, é em consequência deles que defendo certas alterações do código tradicional. Do jeito que as coisas estão, a maior parte dos homens e das mulheres é incapaz de ser tão sincera e generosa no amor que trazem ao casamento como seriam se seus primeiros anos de vida não tivessem sido tão povoados de tabus. Ou lhes falta a experiência necessária, ou eles a adquiriram de maneira furtiva e deplorável. Além disso, como o ciúme conta com a aprovação dos moralistas, eles acham justificável conservar-se mutuamente numa prisão. É claro que é muito bom quando o marido e a esposa se amam tão completamente que nenhum deles jamais cai na tentação de ser infiel; no entanto, não é bom que a infidelidade, caso aconteça, seja tratada como algo terrível, nem é desejável ir tão longe a ponto de tornar impossível qualquer amizade com pessoas do sexo oposto. A boa vida não pode se basear no medo, na proibição e na interferência de um na liberdade do outro. É admirável quando a fidelidade é alcançada sem precisar recorrer a isso, mas quando tudo isso é indispensável pode ser que o preço pago tenha sido alto demais, e que seria melhor um pouco de tolerância mútua nos deslizes ocasionais. É inquestionável que o ciúme recíproco, mesmo quando existe fidelidade física, muitas vezes causa mais infelicidade no casamento do que aconteceria se houvesse mais confiança na força insuperável de um amor profundo e duradouro.

Muitas pessoas que se consideram virtuosas tratam os deveres que os pais têm com relação aos filhos de maneira muito mais inconsequente do que me parece correto. Considerando o atual sistema biparental de família, assim que surgem os filhos é dever de ambos os cônjuges fazer tudo que for possível para manter relações amistosas, mesmo que isso exija um

*Casamento e moral*

enorme autocontrole. Mas o controle exigido não é simplesmente, como querem os moralistas tradicionais, aquele que implica a contenção de qualquer ímpeto de ser infiel; também é importante controlar os ímpetos de ciúme, de irritação, de autoritarismo e assim por diante. Não há dúvida de que as brigas violentas entre os pais encontram-se muitas vezes na origem dos distúrbios nervosos dos filhos; portanto, deve-se fazer de tudo para evitar essas brigas. Ao mesmo tempo, quando uma das partes – ou as duas – não tem autocontrole suficiente para impedir que os desentendimentos cheguem ao conhecimento dos filhos, pode ser melhor terminar o casamento. Do ponto de vista dos filhos, nem sempre a dissolução do casamento é a pior coisa que pode acontecer; na verdade, ela não é nem de longe tão prejudicial como o espetáculo de gritos, acusações rancorosas e até mesmo de violência ao qual muitas crianças se veem expostas nas famílias disfuncionais.

Não se deve imaginar que o tipo de coisa que o defensor lúcido de mais liberdade deseja será alcançado automaticamente se adultos, ou mesmo adolescentes, educados de acordo com os preceitos antigos, rígidos e restritivos forem abandonados às pressões solitárias de impulsos distorcidos, que é tudo que os moralistas lhes deixaram. Essa é uma etapa indispensável, já que, caso contrário, eles criariam tão mal os filhos como foram criados; mas não passa de uma etapa. A liberdade sadia deve ser aprendida desde os primeiros anos de vida; caso contrário, teremos apenas uma liberdade leviana e superficial, não a liberdade integral da pessoa. Impulsos superficiais conduzirão a excessos físicos, enquanto o espírito permanecerá prisioneiro. O instinto educado corretamente desde o começo pode produzir algo muito mais desejável que os resultados de uma educação inspirada na crença calvinista no pecado original; porém, quando se permite que essa educação realize sua obra nefasta, é muito difícil anular as consequências na idade adulta. Um dos mais importantes favores que a psicanálise prestou ao mundo foi descobrir os efeitos perniciosos das proibições e ameaças no início da infância; a eliminação desses efeitos pode exigir muito tempo, além da abordagem de um tratamento psicanalítico. Isso não se aplica apenas às pessoas claramente neuróticas cujo sofrimento é visível a todos; aplica-se também à maioria das pessoas aparentemente normais. Acredito que nove entre dez pessoas que tiveram uma educação tradicional nos primeiros anos de vida tornaram-se até certo ponto incapazes de ter uma postura apropriada e saudável com relação ao casamento e ao sexo em geral. O tipo de atitude e de comportamento que considero mais desejável tornou-se impossível para essas pessoas; o melhor que se pode fazer é conscientizá-las do mal que sofreram e convencê-las a não prejudicar os filhos do mesmo modo como foram prejudicadas.

A doutrina que desejo difundir não é a doutrina da licenciosidade; ela implica aproximadamente a mesma dose de autocontrole presente na doutrina tradicional. Porém, o autocontrole será aplicado mais para que deixemos de interferir na liberdade dos outros do que para que reprimamos nossa própria liberdade. Penso que se pode esperar que, com uma educação correta desde cedo, esse respeito pela personalidade e pela liberdade dos outros pode se tornar relativamente fácil; contudo, para aqueles de nós que foram educados para acreditar que temos o direito de proibir o comportamento dos outros em nome da virtude, não há dúvida de que é difícil renunciar à prática dessa forma prazerosa de perseguição. Pode até ser impossível. Porém, não devemos concluir

*Casamento e moral*

disso que seria impossível para aqueles que, desde o início, tivessem sido educados com uma moral menos restritiva. A essência de um bom casamento é o respeito pela personalidade do outro combinado à profunda intimidade física, mental e espiritual que faz do amor sincero entre um homem e uma mulher a mais fecunda de todas as experiências humanas. Como tudo que é nobre e precioso, esse amor exige uma moral própria, e exige muitas vezes que se sacrifique o pouco em troca de algo superior. Esse sacrifício, contudo, deve ser voluntário, pois, quando não é, destrói a própria base do amor em nome do qual é feito.

# Referências bibliográficas

BRIFFAULT, R. *Sex in Civilization*. Org. de V. F. Claverton e S. D. Schmalhausen. Intr. de Havelock Ellis. Londres: George Allen and Unwin Ltd., 1929.

CARR-SAUNDERS, A. *Population*. Londres: Oxford University Press, 1925.

ERNST, M.; SEAGLE, W. *To the Pure*. Nova York: Viking Press, 1928.

HAVELOCK ELLIS, H. *Studies in the Psychology of Sex*. Londres: William Heinemann, 1933.

HUIZINGA, J. *The Waning of the Middle Ages*. Londres, 1924.

LEA, H. C. *A History of the Inquisition in the Middle Ages*. Londres: The Macmillan Company, 1906.

LECKY, W. E. H. *History of European Morals from Augustus to Charlemagne*. Nova York: D. Appleton, 1921.

LINDSEY, B. *The Revolt of Modern Youth*. Nova York: Garden City, 1925.

_____. *Companionate Marriage*. Nova York: Garden City, 1927.

LIPPMANN, W. *A Preface to Morals*. Londres: George Allen and Unwin Ltd., 1929.

LONDRES, A. *The Road to Buenos Aires*. Londres: Constable and Co., 1929.

MALINOWSKI, B. *The Sexual Life of Savages in Northwestern Melanesia*. Nova York: Eugenics Publishing Company, 1929.

MEAD, M. *Coming of Age in Samoa*. Nova York: William Morrow and Company, 1928.

WESTERMARCK, E. *The History of Human Marriage*. Londres: The Macmillan Company, 1891.

WOLF, J. *Die neue Sexualmoral und das Geburtenproblem unserer Tage*. Jena: G. Fisher, 1928.

SOBRE O LIVRO

*Formato*: 14 x 21 cm
*Mancha*: 23 x 44 paicas
*Tipologia*: Venetian 301 12,5/16
*Papel*: Off-white 80 g/m² (miolo)
Cartão Supremo 250 g/m² (capa)
*1ª edição*: 2015

EQUIPE DE REALIZAÇÃO

*Capa*
Marcelo Girard

*Imagem da capa*
*Wedding Cake* © Bettmann – BE067615 – Corbis/Latinstock

*Edição de texto*
Silvia Massimini Felix (Preparação de original)
Mauricio Santana (Revisão)

*Editoração eletrônica*
Sergio Gzeschnik (Diagramação)

*Assistência editorial*
Jennifer Rangel de França